L'ÉNERGIE ÉCONOMIQUE

Du même auteur :

Théorie économique de la mesure, de la valeur et du progrès, Editions L'Harmattan, Collection *Économie et Innovation*, 2003.

Mathématiques générales (3 tomes), en collaboration, Editions Dunod, Collection Dunod Économie, 1975.

5-7, rue de l'École-polytechnique ; 75005 Paris

http://www.librairieharmattan.com
diffusion.harmattan@wanadoo.fr
harmattan1@wanadoo.fr

ISBN : 978-2-343-01447-0
EAN : 9782343014470

René PARAIRE

L'ÉNERGIE ÉCONOMIQUE

L'Harmattan

Collection « L'esprit économique »

fondée par Sophie Boutillier et Dimitri Uzunidis en 1996
dirigée par Sophie Boutillier, Blandine Laperche, Dimitri Uzunidis

Si l'apparence des choses se confondait avec leur réalité, toute réflexion, toute Science, toute recherche serait superflue. La collection « L'esprit économique » soulève le débat, textes et images à l'appui, sur la face cachée économique des faits sociaux : rapports de pouvoir, de production et d'échange, innovations organisationnelles, technologiques et financières, espaces globaux et microéconomiques de valorisation et de profit, pensées critiques et novatrices sur le monde en mouvement...
Ces ouvrages s'adressent aux étudiants, aux enseignants, aux chercheurs en sciences économiques, politiques, sociales, juridiques et de gestion, ainsi qu'aux experts d'entreprise et d'administration des institutions.

La collection est divisée en six séries :

Dans la série *Economie et Innovation* sont publiés des ouvrages d'économie industrielle, financière et du travail et de sociologie économique qui mettent l'accent sur les transformations économiques et sociales suite à l'introduction de nouvelles techniques et méthodes de production. L'innovation se confond avec la nouveauté marchande et touche le cœur même des rapports sociaux et de leurs représentations institutionnelles.

La série *L'économie formelle* a pour objectif de promouvoir l'analyse des faits économiques contemporains en s'appuyant sur les approches critiques de l'économie telle qu'elle est enseignée et normalisée mondialement. Elle comprend des livres qui s'interrogent sur les choix des acteurs économiques dans une perspective macroéconomique, historique et prospective.

Dans la série *Le Monde en Questions* sont publiés des ouvrages d'économie politique traitant des problèmes internationaux. Les économies nationales, le développement, les espaces élargis, ainsi que l'étude des ressorts fondamentaux de l'économie mondiale sont les sujets de prédilection dans le choix des publications.

La série *Krisis* a été créée pour faciliter la lecture historique des problèmes économiques et sociaux d'aujourd'hui liés aux métamorphoses de l'organisation industrielle et du travail. Elle comprend la réédition d'ouvrages anciens, de compilations de textes autour des mêmes questions et des ouvrages d'histoire de la pensée et des faits économiques.

La série *Clichés* a été créée pour fixer les impressions du monde économique. Les ouvrages contiennent photos et texte pour faire ressortir les caractéristiques d'une situation donnée. Le premier thème directeur est : mémoire et actualité du travail et de l'industrie ; le second : histoire et impacts économiques et sociaux des innovations.

La série *Cours Principaux* comprend des ouvrages simples, fondamentaux et/ou spécialisés qui s'adressent aux étudiants en licence et en master en économie, sociologie, droit, et gestion. Son principe de base est l'application du vieil adage chinois : « le plus long voyage commence par le premier pas ».

Sommaire

AVANT-PROPOS

Depuis le milieu du siècle dernier une révolution technologique passant d'une correction des pratiques administratives à des améliorations dans la production et dans les échanges, a bouleversé l'appareil économique en y provoquant de multiples tensions auxquelles les réponses réglementaires et politiques n'ont pu amener des solutions d'apaisement. On sépare deux phases dans ce mouvement.

La première est celle du traitement des informations à partir de programmes universels adaptables, les logiciels. Elle a apporté normalisation, automatisation, puissance et rapidité, aux processus d'administration, d'exploitation et de contrôle. Les effets d'abord singuliers et localisés, ont poussé ensuite à la liaison ou à la fusion d'unités jusque là séparées. Ils ont induit des changements dans la composition du tissu économique et social par la disparition d'activités fondées sur des capacités et compétences devenues périmées et par le besoin de nouvelles fonctions.

La deuxième phase est celle de l'utilisation et de l'exploitation d'Internet, réseau de liaisons individuelles, instantanées, où chaque poste est relié à tous les autres. Internet annulant les distances, permettant les liens personnels d'abord par l'écrit et l'image puis le son et la voix, avait engagé beaucoup d'espoirs en un type de développement productif nouveau, espoirs qui se sont amenuisés ensuite en provoquant l'éclatement d'une bulle spécifique. La fin d'une croyance à un déploiement massif et rapide des activités à partir de ces technologies avait cependant souligné leur potentiel d'assistance dans la transmission, la rapidité et les traitements complexes et volumineux. Ces perspectives ont entraîné une recomposition du contenu et des pratiques de l'échange financier en remodelant et multipliant des titres devenus aisément transmissibles afin qu'ils présentent un abord plus attrayant sur des contenus plus obscurs. Les mutations engagées ont en outre ouvert plus largement des opportunités de revenu aux opérations qui exploitent les différences de temps, de distance, d'information, d'appréciation, d'efficience, de législation… en utilisant toutes les facilités créées antérieurement pour d'autres visées. De l'amplification du mouvement il en est résulté l'oubli du lien de substance entre les valeurs car l'économie est aussi un agencement de valeurs échangées dans une égalité du moment qui s'inscrit dans une instabilité perpétuelle. Leur variation permanente, visible dans une sphère financière supposée recueillir des anticipations clairvoyantes et apporter de l'efficience montre que des décrochages sont toujours en instance, que nul équilibre n'est assuré, que le mouvement d'ajustement lui-même crée de nouvelles tensions[1]. En économie d'échange financier la stabilité est un phénomène exceptionnel, résultat provisoire de multiples fluctuations simultanées, spontanées ou provoquées, qui parfois se compensent.

Le flux d'innovations induit devait apporter un accroissement de valeur ce qu'il a fait d'abord mais il a contribué à dissimuler davantage les mouvements intérieurs, des ruptures, des fragilités et des déséquilibres. Aux Etats-Unis principalement une promotion de leurres a été organisée pour fausser les appréciations, elle a été poussée jusqu'aux Européens qui ont manifesté parfois plus de clairvoyance. Si les praticiens ont été mis en situation de mal percevoir les risques de valeur, qu'en est-il des chercheurs ? Une anecdote fit grand bruit et permet de situer une position importante : en 2008, lors de l'inauguration d'un agrandissement de la *London School of Economics*, la souveraine britannique demanda au directeur assurant que les crises économiques étaient prévisibles pourquoi personne ne s'était rendu compte de leur imminence. Après une réponse improvisée, plus tard une autre, collégiale, plus mûrie, comportait deux points. Elle affirmait d'abord qu'il s'était "accumulé une série de déséquilibres reliés entre eux" mais qu'il n'existait aucune instance ni pour les détecter, ni pour les corriger. Un deuxième point, plus troublant, annonçait que la formation des compétences professionnelles mettait les

---

[1] "Les "dérivés de crédit pourraient également inciter les banques à surveiller les risques moins attentivement que par le passé.. Un choc se produisant sur un marché particulier serait plus facilement transmis et peut-être amplifié sur d'autres marchés". Communication de la Banque de France du 27 avril 2007.

responsables futurs dans l'incapacité de comprendre les multiples risques générés par le nouveau système des échanges[2]. Cette longue crise où les déséquilibres, les chocs, les menaces s'enchaînent, se multiplient, s'amplifient.. où l'économie semble prise dans les rets d'un dispositif installé sans la pertinence et les précautions suffisantes provoque une attente de vérités et de solutions. Ignorer une histoire sensée de la pensée économique qui a la mémoire des erreurs du passé et porte une direction plus consistante, ignorance entraînée par l'emploi massif d'instruments qui parlent surtout d'eux - comme l'annonçait et le craignait déjà Keynes - risque de faire dévier encore plus le savoir économique vers l'inconsistance et les sophistications de systèmes formels inadaptés.

§1 - Retour à la valeur économique

Dans une société établie sur un pacte civil avec personnalisations, chacun a un ordre de préférence, de désir, sur les *objets* rares et échangeables : marchandises, travail, services, titres financiers, créances échangeables.. et monnaie, un ordre qui varie avec le temps. Rendre compatibles des positions personnelles différentes et instables, pour permettre périodiquement les échanges nécessite la définition d'une liaison dans un ordre commun par la *valeur économique* - désignée le plus fréquemment dans ce texte par *valeur* - une grandeur variable attribuée à tout objet désiré et négociable. Dans la succession des périodes d'échange les différents états de cette grandeur pour le même objet, ses *valorisations*, sont actualisés par une *valeur d'échange* déterminée dans le modèle simple par un système de *marchés périodiques,* instantanés, simultanés et communicants qui assure un volume d'échange élevé dans une cohérence des valeurs : un niveau commun pour les objets semblables et l'égalité dans toute transaction sous les conditions de transparence, d'exactitude et de suffisance des informations. Une transaction de marché manifeste après les

[2] Début 2013 des inadéquations dans les modèles de désendettement imposés aux Etats ont été reconnues au FMI par des déclarations personnelles d'abord puis par l'Institution elle-même.

schémas sociaux de la domination un état amélioré du lien entre les individus, la reconnaissance par tous d'une expression personnelle des désirs transformée en une estimation sociale, les différentes valeurs d'échange.

L'Histoire nous rappelle que pour faciliter les transactions portant sur des objets à valeurs distinctes et variables les hommes ont créé d'abord des monnaies gagées permettant la lisibilité courante d'un ordre des valeurs. Il a été constaté ensuite - à cause d'échecs dont la raison était liée à des crises de valeur affectant les monnaies elles-mêmes - que l'union politique permettait d'associer une monnaie de compte idéale à une monnaie de contrepartie sans gage matériel, qualifiée par un pouvoir de création réglementé, identifiée par des signes exclusifs et une rareté, ce qui a facilité une détermination relative des valeurs par les prix monétaires.

Dans une société constater un accroissement global de la valeur économique est a priori le signe d'un mieux collectif qui exprime une amélioration dans les liens et dans l'existence des hommes. Il fait apparaître une correction de l'ordre naturel, un développement, et s'inscrit dans une orientation humaniste du changement, un progrès qui extériorise un sens qu'on doit aussi justifier. Pour cela, dans le cadre de l'économie il est possible d'envisager qu'un objet désiré par tous les individus à travers toutes les périodes successives, objet complexe modulable avec le temps en soit une expression et qu'il puisse être régulièrement ajusté pour être la référence permanente des comparaisons en valeur.

Afin de présenter les règles d'égalité et de différence, d'ordre et de variation, les valorisations et dévalorisations, on considérera exclusivement une économie fermée avec une périodicité d'échange annuelle, construite selon trois niveaux successifs. Un quatrième niveau introduisant plusieurs monnaies à valeurs relatives variables sera évoqué dans la Conclusion mais ne sera pas détaillé.

§2 - Energie et valeur économique

Les mots *énergie* et *valeur* relèvent d'une même base sémantique qui indique des capacités d'action. L'énergie est apparue dans le savoir physique classique comme un concept créé pour étalonner et lier des changements : températures, mouvements, transformations.. afin d'énoncer les lois qui les régissent. Des auteurs ont remarqué plus tard une similitude de forme entre cette énergie naturelle et une énergie sociale qui serait la valeur économique, toutes deux rapportant des liens entre les objets de leur domaine[3]. Celui de l'une est absolument naturel alors que celui de l'autre est absolument social, une vigueur apportée par les désirs des hommes dans un mouvement de transformation et d'échange.

La valeur économique est une grandeur variable, une forme particulière d'énergie sociale, issue des personnes, passant aux objets désirés auxquels elle attribue une capacité de transaction. Créée à partir de désirs singuliers qui peuvent opposer les individus, elle retourne à eux comme grandeur socialisée à la fois lien entre tous et source d'insatisfaction, elle peut varier ensuite selon leurs appréciations instables. Pour les objets aucun état de valeur ne peut être définitif car aucune personne ne sera jamais totalement et définitivement satisfaite, ce qui n'exclut pas qu'une perspective historique révèle un sens qui devient alors la raison des changements à poursuivre, une orientation vers un accroissement du niveau et un changement des formes de la valeur disponible pour augmenter globalement les satisfactions. La valeur et l'énergie ont inspiré beaucoup de théories mais cette base changeante et complexe du savoir exige

[3] Energie : François Perroux a été en France un initiateur de l'adaptation du concept de *néguentropie* à une économie toujours soumise dans son développement à de nouveaux dérèglements. La Physique, la science exemplaire, fractionnée aujourd'hui en savoirs autonomes (Physique classique, Physique quantique, Physique relativiste) qui ont nécessité une «*décohérence*» pour assurer une compatibilité, ne peut plus devenir un modèle pour un savoir économique unifié. Les *economics* tentent une connaissance distincte avec un toucher de l'économie réelle alors que les principes pour une correction efficace ne peuvent résulter que d'une analyse substantielle.

d'abord une mesure et spécialement d'en préciser un parcours historique fondateur pour un savoir de l'économie. Des propositions peuvent se révéler décevantes et devenir des moteurs d'instabilité s'il leur manque le support d'une définition perpétuelle et d'une mesure transpériodique. Un des buts de ce texte est de rappeler que cette dernière existe déjà dans des conditions satisfaisantes et qu'il est possible d'en définir des étalons représentatifs, ce qui exige alors plus de temps pour les calculs de mesures.

Le fait que des solutions efficaces manquent aujourd'hui quand la crise prend des aspects différents avec des promesses répétées d'aggravation, peut renvoyer à de multiples causes dont une adéquation insuffisante de l'instrument d'analyse. Si c'est le cas, les calculs qui résultent des visées simplificatrices mais aux formalisations artificielles et complexes peuvent manquer ce qui est plus profond et plus réel.

Le recours à la *valeur économique* exige de rappeler ce que doit être une *mesure permanente réelle* qui a besoin de la *survaleur*, une catégorie propre aux échanges, ayant une présence discrète dans les écrits les plus importants de l'analyse économique. Dans les transactions réglées par les marchés, elle est une correction sociale que reçoivent différemment la valeur-coût de production des marchandises et celle de la monnaie. Ces survaleurs, positives en général, expressions des préférences exprimées et de la vitalité économique, ont été utilisées plus ou moins explicitement par quelques figures majeures de l'histoire d'une pensée économique dont les orientations dominantes n'ont pas toujours été appropriées aux problèmes.

INTRODUCTION

L'Introduction[4] a pour but de fournir une assise et un fil conducteur aux propositions qui seront présentées et aux propriétés de la valeur économique qui seront établies dans la suite. Elle comprend dans une première partie plus courte, un rappel des principes communément retenus pour la mesure immédiate des grandeurs et leur comparaison dans le temps au moyen d'une *unité permanente*, ainsi que la définition d'une catégorie analytique plus discrète mais essentielle, la *survaleur*. La deuxième partie présente un parcours historique limité, un exposé simplifié des changements qui ont été proposés par quelques auteurs fondamentaux à la définition et à la mesure de la valeur économique, modifications qui ont esquissé ou évoqué des survaleurs.

MESURER LA VALEUR ÉCONOMIQUE

A une même date l'état de la *valeur économique*, grandeur sociale variable attribuée périodiquement aux objets négociables, les rend comparables par une *relation d'ordre* simple qui permet d'affirmer que l'un est supérieur, inférieur ou égal à un autre, c'est un premier degré de connaissance. Pour plus de compréhension, particulièrement pour des comparaisons décalées dans le temps, il faut définir un procédé durablement valide, compatible avec la relation d'ordre, une *mesure* dont le résultat est une appréciation numérique appelée *évaluation* et souvent simplement mesure.

LES DÉFINITIONS

Mesurer la *valeur* exige d'avoir défini une *unité* comme le mètre l'est encore pour la longueur ; après des ajustements de la *norme* qui en assurait la définition permanente, un mètre-unité a été défini et ses multiples étalons matériels ont traversé le

---

4 Les éléments de l'Introduction reprennent, en soulignant une continuité, ceux qui retenaient des ruptures dans *Théorie économique de la mesure, de la valeur et du progrès,* Collection *Economie et Innovation,* Ed L'Harmattan, Paris, 2004.

temps. De manière semblable, en une date précise mesurer *réellement* une valeur économique a pour but d'en fournir une évaluation au moyen de l'actualisation de *l'unité permanente* définie par la *norme fondatrice*. Les étalons observés en sont alors des réalisations unitaires datées.

La valeur économique est par contre une grandeur sociale, spécifiquement humaine, un attribut conventionnel, variable, et non une propriété naturelle des objets échangeables. Ses états résultent d'une cohérence établie par le système des marchés à partir de la confrontation de désirs individuels, différents et changeants. Il ne peut donc exister d'objet matériel figé dont on pourrait affirmer qu'il est irrévocablement unité économique[5]. Par contre, c'est à partir d'un désir commun à tous les humains, cependant historiquement et culturellement modulable, appliqué à des objets échangeables, qu'on peut espérer définir une *norme* et son *unité permanente*. Elle est dans son universalité le *désir d'existence* où individualité, socialité et environnement se confondent afin de déterminer un type d'objet unitaire, périodiquement concrétisable.

Faute de disposer immédiatement de cette unité permanente le dispositif d'évaluation habituel choisit comme étalon de substitution un objet durable mais dont l'état de la valeur est changeant, on obtient une *mesure relative* ou un *prix* daté. Couramment un *prix* est le nombre d'étalons monétaires cédés dans un paiement, il indique une contrepartie particulière dans les échanges à même valeur et constitue une mesure relative avec pour unité la valeur inconnue, variable, d'une unité de monnaie, son évaluation réelle. Un *numéraire* est toute grandeur qui permet de calculer des mesures réelles ou bien relatives ; la monnaie est un numéraire pour une mesure relative de la valeur économique des objets échangeables. Limiter la mesure de la valeur économique au seul prix est le choix de l'immédiat et du relatif, de déviations contre le sens universel porté par la norme, c'est accepter de fausser les comparaisons entre périodes si les valeurs réelles des marchandises et de la monnaie y ont varié différemment.

---

[5] Une quantité fixe d'or a souvent joué ce rôle, l'a perdu et le retrouve parfois pendant les crises de valeur.

Lorsque la condition de norme est remplie on a des *mesures réelles* et les prix et autres mesures relatives deviennent en chaque période leur rapport. Une mesure est *absolue* lorsqu'elle est inconditionnée c'est-à-dire effectuée à partir d'une norme renvoyant toujours à un sens fondamental correspondant à une conception humaniste du progrès économique.

LES SURVALEURS

En appelant *valeur privée* une grandeur cohérente, variable, exprimant un plaisir et attribuée par une personne aux différents objets qu'elle possède, la somme des états correspondants peut être alors la mesure de son niveau global de satisfaction. Un échange permet de l'accroître si chaque partie préfère un objet proposé par l'autre à l'un des siens. Les ajouts aux deux valeurs privées initiales, créés par l'échange, sont des *survaleurs* sans qu'on puisse évoquer ni leur égalité, ni une stabilité, par défaut d'une normalisation.

Si l'opération avec un seul type d'objet est élargie simultanément à plusieurs échangeurs, uniquement contre une monnaie, on aura un marché avec des vendeurs, des acheteurs, et un prix unique. Les survaleurs apportées, le surplus de satisfaction ajouté, sera différent avec chaque offreur mais le fonctionnement répété du marché et la fongibilité perpétuelle des unités de la monnaie, leur indifférenciation et leur fonction utilitaire commune, en fixeront par session une valeur et une survaleur sociales unitaires.

A son tour le système de ces marchés simultanés, liés par la monnaie, chacun spécialisé dans un type d'objet, entraîne une cohérence de l'ensemble des transactions selon un taux identique pour les objets semblables, le *prix unitaire*, avec création de *valeurs sociales* implicites et de survaleurs privées différentes selon les offreurs mais avec valeur et survaleur sociales uniques pour toutes les unités de monnaie échangées. Les valeurs créées et activées par l'échange dynamisent l'économie en accroissant les satisfactions individuelles ; les prix recèlent alors une mesure absolue si, implicitement, les unités de monnaie sont liées à un type d'objet particulier donnant une unité de valeur ayant un sens perpétuel.

Dans la suite 0, 1, 2... désigneront des dates successives comme dans un calendrier civil, ils pourront indiquer également les périodes selon la **figure 1** ci-dessous. La date 0 est la date de l'accord où sont établies les relations d'égalité entre les valeurs sociales des objets et du paiement immédiat ou retardé aux dates futures 1 ou 2. Les transactions impliquent toujours l'égalité des valeurs aux conditions du marché à la date de l'accord. Dans le cas le plus simple d'un achat de l'objet A avec livraison et paiement p_0£ immédiats on écrira : $v_0(A^0) = p_0.v_0(1£^0)$ mais plus souvent : $v_0(A)$ [ou $v_0(1A)$] = $p_0.v_0(1£)$, et si le paiement p_1£ est retardé en date 1 on écrira $v_0(A)$ [ou $v_0(1A)$] = $p_1.v_0(1£^1)$

figure 1 :

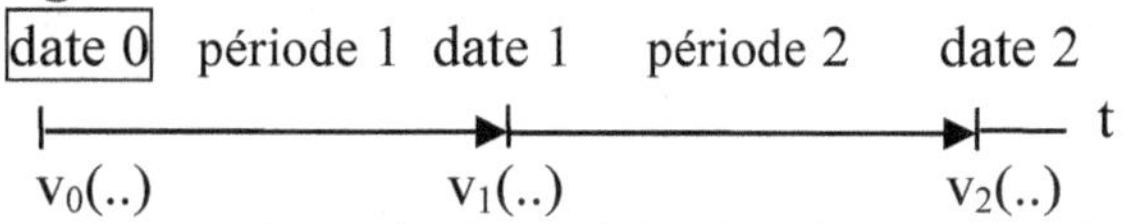

Le système des marchés simultanés exprime les conditions d'échange par des prix monétaires qui sont des mesures relatives. Par contre si l'objet B est validé comme unité permanente de valeur, il vérifie toujours $v_i(1B^i)$ ou $v_i(1B) = 1$ quelle que soit la date i considérée. On a dans ce cas la possibilité d'une mesure réelle pour les valeurs d'échange et pour les survaleurs courantes ou anticipées.

DES POSITIONS HISTORIQUES

La liaison entre le concept de valeur économique et la valeur d'échange a été posée au siècle des Lumières en caractérisant un nouveau savoir. Elle a indiqué une voie nouvelle à partir d'une rupture initiée par Graslin dont l'analyse introduisait les *survaleurs* dans des propositions qui seront précisées et exploitées ensuite par Adam Smith[6]. Le point de départ d'une présentation rapide est un texte de Turgot écrit en 1769, une longue notice destinée à un dictionnaire qui ne fut jamais publié. En économiste des Lumières et en bon Physiocrate il y faisait un point sur de prometteuses et

[6] L'*Essai analytique sur la richesse et sur l'impôt...* de Graslin est daté de 1767 et *La richesse des nations..* de 1776.

troublantes interprétations de la valeur économique qui allaient accompagner les idées pour longtemps. On évoquera brièvement ensuite pour leur contribution à la construction du concept de survaleur les apports d'Adam Smith, de Ricardo, de Marx et de Walras.

VALEUR D'ÉCHANGE ET SURVALEUR SELON GRASLIN

Dans *Ecrits économiques*, un recueil des textes de Turgot[7], la partie *Valeurs et Monnaies* évoque la signification fondatrice, substantielle, du mot *valeur* dans la langue latine : force, énergie, vigueur, le socle dynamique. En économie elle était devenue une appréciation personnelle qui n'invitait pas à rechercher une harmonisation sociale. Turgot rappelle qu'en rupture avec cette position et plus en accord avec le siècle, l'abbé Ferdinando Galiani avait énoncé "il y a une vingtaine d'années, une des plus profondes vérités et des plus neuves de la théorie générale des valeurs : *la commune mesure de toutes les valeurs est l'homme*" (VM-p.241). L'appel au dépassement d'une appréciation individualisée par un humanisme rénové, pacte de sens et obligation historique, avec une métrique nouvelle à préciser, s'avérera long, difficile et tourmenté.

§3 - Valeur estimative par l'effort et le travail

Trouvant ce sens dans les propositions innovantes de Graslin dont il qualifie l'apport de "profond et ingénieux", Turgot s'attarde longuement sur cette "nouvelle doctrine de la valeur constante et unique toujours exprimée par l'unité dont toutes les valeurs ne sont que des parties proportionnelles" (VM-p.241)[8]. Une entrée pour une mesure des valeurs au moyen de l'*unité permanente* : le potentiel de talent et d'effort productif de toute

---

[7] Turgot A.J.R., *Ecrits économiques*, Ed. Calmann-Lévy, Paris, 1970, pp.233 à 250. Citations par VM suivi de l'indication de la page. L'article était destiné au *Dictionnaire de Commerce* de l'abbé Morellet, il ne fut jamais publié.

[8] Une "vérité [de Galiani] confusément entrevue par l'auteur [Graslin] d'un *Essai analytique sur la richesse et l'impôt.*., doctrine mélangée chez lui de *vrai* et de *faux*.. qui a paru assez obscure". Graslin critiqua ensuite la Physiocratie pour sa reconnaissance du seul travail de l'agriculture comme créateur de richesses.

la vie, un « Travailleur universel ». Tout individu identifié alors à l'action productive de sa vie entière devient un étalon de mesure pour l'amélioration économique du monde. Cette unité est aussi l'ensemble idéal de toutes les facultés et des capacités personnelles pour des actes productifs qui sont peine et effort, dévoreurs de vie, mais expressions inévitables, contraignantes et déplaisantes, de la condition des hommes. Un saut épistémologique est fait, on est bien dans la perspective souhaitée fortement unifiée mais désenchantée.

Dans le principe l'évaluation des travaux utilisés dans la production individuelle d'un objet devient envisageable avec cette unité de mesure. Ils en sont la part relative utilisée, appelée *valeur estimative*, une *valeur-coût de production* toujours mesurée par un nombre inférieur à un. Une grandeur qui correspond au "coût des soins, des fatigues, des travaux et... du temps, une portion de la peine [du travailleur auquel] la nature ne fournit rien qu'il ne paie par son travail, ses facultés et son temps" (id.). Mesure nouvelle, opposée de l'appréciation personnelle précédente, mais qui en a cependant conservé la trace car "égale à la portion du total.. qui répond au désir [qu'il] a de cet objet" (VM-p.241). L'échange, acte dérivé social de la production individuelle, ne s'impose pas encore à moins qu'il apporte à chacun une satisfaction supérieure au coût de production correspondant, ce que Graslin présente ensuite avec une *survaleur*.

§4 - Valeur appréciative ou valeur d'échange par l'utilité

L'échange est l'opération sociale de base par laquelle chaque partie espère obtenir de l'autre, évitant ainsi d'avoir à le produire elle-même, un objet d'une valeur estimative supposée supérieure à celle de l'objet différent qu'elle produit et propose en contrepartie. Il y a volonté d'échanger s'il y a une "supériorité [présumée] de la valeur estimative attribuée à la chose acquise sur la chose cédée"(id.), ce qui ne pose pas problème[9], mais aussi une condition plus restrictive qui sera évoquée au *b)*. Pour permettre cet échange, l'ajustement des deux positions indépendantes nécessite cependant

[9] On passe de deux valeurs incorporées différentes à une valeur commandée commune.

un même niveau d'une grandeur commune, une *valeur d'échange* que Graslin appelle *valeur appréciative* "adoptée par les contractants qui en reconnaissent l'égalité et en font la condition de l'échange" (VM-p.244).

a) Survaleur d'échange, l'effet-Graslin

La même *valeur appréciative* - Ow et O'w' sur la **figure 2** - moyenne des valeurs estimatives présumées des objets à recevoir est attribuée par l'accord d'échange. Leur somme est égale à ce que les productions auraient exigé sans la transaction et elle est supérieure à celui des valeurs estimatives des productions réalisées puis offertes Oj et O'i'.

figure 2 : E et E' désignent les deux échangeurs, Oj et Oi d'une part, O'i' et O'j' d'autre part, représentent les valeurs estimatives effectives et présumées de chacun d'eux pour les objets A et B.

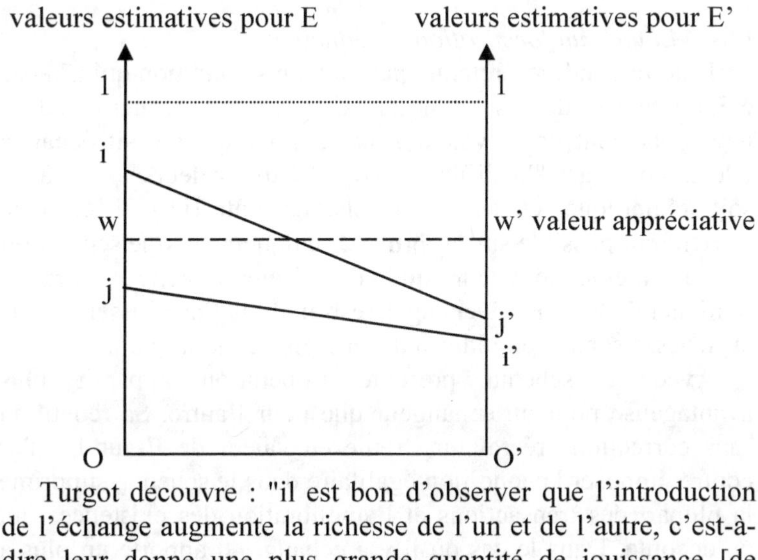

Turgot découvre : "il est bon d'observer que l'introduction de l'échange augmente la richesse de l'un et de l'autre, c'est-à-dire leur donne une plus grande quantité de jouissance [de satisfaction des désirs] avec les mêmes facultés". L'échange, acte d'accord social, augmente chacune des deux valeurs-coûts de production de *survaleurs* différentes - on appellera par la suite *effet-Graslin* cette majoration inégale des valeurs - et la capacité individuelle de travail, unité permanente, est devenue unité de mesure commune de l'utilité acquise.

Graslin a le premier et avant Adam Smith séparé une valeur-coût de production en travail-incorporé d'une valeur d'échange en travail-commandé, toutes mesurables à partir des étalons de l'unité permanente, les capacités de travail respectives. Dans les conditions retenues ici, c'est la différence entre les valeurs estimatives, l'une présumée de l'objet désiré, l'autre effective de l'objet produit, qui donne deux survaleurs d'échange inégales jw et i'w', positives, interprétables à la fois en économie d'effort et en surplus de satisfaction. Une transaction est donc le plus souvent créatrice nette de valeur pour les deux parties ce qui a provoqué l'étonnement de Turgot dans une phrase peu physiocratique et la valeur appréciative a obtenu simultanément une signification réelle, elle est une mesure commune d'utilité ou de richesse.

b) Equité, uniformisation et réduction

L'autre condition retenue par Graslin - condition qui n'a pas été retenue ci-dessus - est au contraire très réductrice d'un développement de la valeur sociale. Pour qu'il y ait échange elle impose que "la différence des [deux] valeurs estimatives soit réciproque et égale de chaque côté"(id.). L'échange deviendrait possible sur la **figure 2,** uniquement si le segment ji est de même longueur que i'j'. Retenir cette contrainte diminuerait les cas d'échange, restreindrait l'accroissement de la richesse sociale en réduisant l'énergie économique[10].

Avec le schéma présenté l'opération apparaît plus avantageuse pour un échangeur que pour l'autre. Sa répétition sans correction créerait une rente en valeur de E sur E'. Par contre, imposer la condition égalitaire dans le schéma, supprime la plupart des transactions et l'amélioration des existences qui en découle. Dans le cas où il y a échange, il apporte un plus à chacun, l'abandon de la condition égalitaire préalable permet un développement plus diversifié et important de la production

[10] Des « Systèmes d'Echange Local » réglent les échanges de travaux spécialisés selon les durées, ils sont une réalisation du système évoqué.

d'utilités avec les mêmes efforts, les écarts pouvant être atténués ensuite par une correction d'*équité sociale.*

Réactivant des ardeurs physiocratiques, Turgot devient ensuite un critique sévère de ce qu'il a qualifié de *faux*, le «Travailleur universel» : "l'unité fondamentale est une chose inappréciable... comment évaluer [ensuite] des parties imaginaires dans une durée toujours une ?" (VM-p.246). Malgré les appréciations élogieuses évoquées il ne voit aucune récupération car "il est impossible d'exprimer la valeur en elle-même.. la valeur n'a ainsi que l'étendue d'autre mesure que la valeur et on mesure les valeurs comme on mesure les longueurs, en y appliquant des longueurs.. Il n'y a point d'unité fondamentale donnée par la nature"(VM-p 247). Ce n'est donc pas que ces nouvelles conceptions soient insensées mais même plus cohérentes il n'y a pas de norme satisfaisante pour définir unité et mesure. Malgré l'orientation demandée par Galiani et aperçue chez Graslin, il en reste à la bonté de la nature. Pour créer un surplus de richesse les Physiocrates lui ont fait plus confiance qu'à la capacité de création et de socialisation de l'homme, plus qu'à la diversité des travaux et plus qu'à l'échange avec son effet gagnant-gagnant inégalitaire, sans doute créateur de tensions sociales mais source de progrès réel.

Chez Graslin le surplus d'utilité créé par l'échange, la *survaleur*, apparaît bien des deux côtés comme un excès de la valeur échangée sur la valeur-coût de production, c'est par cette opération que le bien-être individuel et la valeur sociale ont augmenté. Dans un système de transaction élargi d'objets contre monnaie, l'échange résulte de la rencontre de ceux qui préfèrent les objets à la monnaie et de ceux qui, à l'inverse, préfèrent la monnaie aux objets et une fois les échanges décidés les parties contractantes ne sont pas disposées à revenir à la situation précédente. L'échange accroît des valeurs réelles qui ne sont perçues qu'en valeurs relatives à travers les prix, il manque la définition d'une unité permanente plus réaliste mais la notion de survaleur associée à une valeur-coût dans la valeur d'échange est présente dans les approches de quelques figures fondatrices qui vont être évoquées.

VALEUR-TRAVAIL ET SURVALEUR CHEZ ADAM SMITH

Pour Adam Smith[11] c'est de l'esprit de l'homme créant la division manufacturière, par ce moyen d'abord plutôt que d'une bonté de la Nature et de son produit net, que passe l'amélioration du sort commun. Quant au travail concret, s'il est action contraignante il est aussi acte négateur de la condition naturelle par le surplus que la production apporte. Pour mesurer la valeur d'échange attribuée aux objets par le marché, Adam Smith définit un numéraire général, le *travail universel* qui "a cessé... de ne faire qu'un avec les individus sous quelque aspect particulier" comme l'observera Marx[12].

§5 - Travail universel, unité permanente, mesure

Après avoir rappelé que l'activité économique a pour but "l'abondance de toutes les choses nécessaires et commodes à la vie" (RN-p.3), Adam Smith poursuit le programme historique d'adaptation qui doit conduire à une mesure des valeurs à partir du travail universel et de son unité permanente dont les étalons s'adaptent à la diversité des travaux concrets. Le travail, écrit-il, est "la seule mesure universelle aussi bien que la seule exacte des valeurs, le seul [moyen] qui puisse nous servir à comparer les valeurs.. à toutes les époques et dans tous les lieux" (RN-p.65). Ce qui le conduit à observer : "il peut y avoir plus de travail [universel] dans une heure d'ouvrage pénible que dans deux heures de besogne aisée ou dans une heure d'application à un métier qui a coûté dix années de travail à apprendre que dans un mois d'application d'un genre ordinaire et auquel tout le monde est propre" (RN-p.63). Cependant il ne propose ni actualisation unitaire permanente du travail universel, ni règle d'étalonnage, car "il n'est pas aisé de trouver une [unité de] mesure [universelle] exacte applicable au travail" ce que Graslin avait fait à sa façon.

---

[11] Adam Smith, *Recherches sur la nature et les causes de la richesse des nations*, Coll. Idées, Ed. Gallimard, Paris, 1960, p.3.

[12] Karl Marx, *Contribution à la critique de l'économie politique,* Ed. Sociales, Paris, 1957, p.167.

Une fois dépassées les formes sociales primitives, des systèmes de production plus complexes sont apparus avec des transactions requérant l'égalité des valeurs échangées (RN-p.62). La valeur devient une grandeur variable attachée aux objets et mesurée par "la quantité de travail [universel qu'elle les] met en état d'acheter ou de commander" (RN-p.61), une modalité de mesure par le travail commandé. Dans l'organisation des échanges où chacun exprime ses préférences, la même valeur pour l'objet et le paiement indique la quantité de travail universel actualisé dont le commandement leur est attribué. On a une généralisation du schéma de Graslin en observant que si Adam Smith définit sa norme universelle, il ne peut ni l'actualiser, ni étalonner périodiquement. Le travail commandé n'est plus le travail incorporé qui reste un coût de production et les mesures des valeurs d'échange successives d'un même type d'objet produit dans des conditions identiques à des dates distinctes diffèreront par leurs survaleurs dues alors à des effets-Graslin différents. Adam Smith qui a conservé l'idée renomme discrètement les concepts. Dans la figure simple de l'échange de A contre B, pour l'acheteur de A il écrit : "le prix réel.., ce que [la] chose A coûte réellement, c'est le travail et la peine qu'[il] doit s'imposer pour l'obtenir", ce qui n'est autre que sa propre valeur estimative de B, une valeur-coût de production, et "la valeur réelle de la marchandise A est égale au travail dont l'échange va le dispenser" ce qui est sa propre valeur estimative présumée de A[13]. Toutefois, n'obtenant pas une définition satisfaisante de l'unité permanente du travail universel, Adam Smith lui substitue un axiome de remplacement : "le même travail... a toujours la même valeur" (RN-p.65), ce qui valide des survaleurs variables hors le cas de travaux identiques, simultanés ou décalés, travaux dont le prix a pu changer tout en conservant la même valeur.

[13] Des auteurs ont avancé, Schumpeter particulièrement, qu'Adam Smith était surtout un faiseur de synthèses. Il aurait cependant compris ce que Turgot avait seulement entrevu dans l'apport de Graslin sans cependant résoudre le problème de l'unité de mesure qu'il a mise au cœur de son système.

a) *Le système initial et le travail commandé*

La représentation basique contient deux marchés liés, le *marché des marchandises* et le *marché du travail* avec paiement du travail soit en subsistances, soit en monnaie. Tandis que chez Graslin la personnalisation du travail conduisait à avancer que deux travaux identiques n'ont même valeur estimative que s'ils sont effectués par le même individu, à présent des travaux identiques interprétés en travail universel, libérés du lien à celui qui les exécute, auront toujours la même valeur mais dans différentes périodes seront échangeables contre des quantités inégales de nourriture ou de monnaie selon les prix et valeurs au marché des marchandises.

b) *Le problème de l'étalon*

Dans des périodes successives, le même travail ayant toujours la même valeur quel qu'en soit l'exécutant pose un problème, car dans l'échange contre un panier de subsistances le contenu de ce dernier varie avec les valeurs courantes de ses différents constituants, valeurs déterminées au marché des marchandises. Or pour le travailleur la prestation à fournir est soumise à une condition absolue : disposer des subsistances nécessaires pour pouvoir l'effectuer. Il doit pouvoir acheter au moins le "panier des objets de première nécessité" ou *panier vital minimum* mais dans le cas où sa valeur, variable, passerait au dessus de celle du même travail à fournir, le salaire serait donné par un panier vital réduit ; une situation qui conduit à l'impossibilité physiologique de fournir la prestation convenue, ce que Ricardo n'acceptera pas et avec elle la valeur travail-commandé.

TRAVAIL ET SURVALEUR, RICARDO ET MARX

Pour Ricardo également c'est le travail qui permet de mesurer la valeur. Il reprend donc le numéraire travail universel mais avec la nouvelle modalité *travail incorporé* ou *valeur-coût de production*, pour une correction de l'axiome smithien qui permettait un salaire réduit au point que "les plus faibles ne pourraient probablement pas subsister"[14] alors qu'il en constate

[14] *Des Principes de l'économie et de l'impôt*, Ed. Flammarion, 1975, p.29.

l'ajustement au besoin vital[15]. Il y a ainsi un *panier de base* minimal pour les rémunérations, ce qui introduit une possibilité de survaleur administrée pour le travail. La correction touche un défaut smithien incontestable mais avec une incompréhension de la mesure en travail commandé.

§6 - Valeur d'échange et travail

Ricardo ajuste l'unité permanente de valeur sur le panier de base fixe devenu actualisation de la norme fondamentale et unité permanente d'utilité. Il a affirmé et réaffirmé ensuite que le travail est bien le numéraire et l'essence de la valeur quoique dans les nouveaux schémas de production l'accroissement de l'emploi des capitaux fixes et les "hausses dans la valeur du travail" - expression qui accueille des survaleurs - ne permettent plus désormais une mesure. Après Adam Smith au livre "fondé sur le commerce... et la consommation qui est l'unique but" (RN-pp.338,340) Ricardo sera "l'économiste de la production par excellence... [celui qui a] contrairement à Adam Smith nettement dégagé le principe de la détermination de la valeur de la marchandise par le temps de travail."[16].

§7 - Valeur et survaleur chez Marx

Marx a appliqué à la définition ricardienne une correction qui se plie difficilement à l'intention de sa théorie, aussi a-t-il été obligé d'introduire à son tour quelques ajustements. Le dérèglement engendré par une 'valeur du travail' devenue

---

[15] Dans un *Mémoire* daté du 1er mai 1775 Turgot notait que dans l'agriculture le revenu d'un travailleur était suffisant pour le nourrir lui et sa femme mais insuffisant s'il y avait de nombreux enfants. La solution qu'il envisageait consistait à créer des ateliers familiaux - financés par un crédit public - pour produire des articles d'utilité courante, "dentelles, gazes, blondes.. et tous genres d'ouvrages de cette nature" ; une idée que l'on a vue resurgir, adaptée, avec les microcrédits. Au milieu du même siècle, dans une présentation de l'*Emile* Rousseau avait justifié l'abandon de ses enfants par : "Je gagne au jour la journée mon pain avec assez de peine ; comment nourrirai-je encore une famille".

[16] Marx K. - *ibid.* - p.36.

variable est gommé par une novation théorique selon laquelle le capitaliste-entrepreneur n'achète pas une quantité de travail mais une *force de travail* qu'il paie avec le panier de subsistances vital. Il peut l'utiliser pendant n heures alors qu'il la paie à la valeur-coût de production du panier, q heures de travail avec q inférieur à n. La différence est la *plus-value*, une survaleur réelle préplacée dans le produit, survaleur qu'il fera ensuite payer à la vente. Reste à aller au marché pour transformer le surtravail gratuit en *profit* monétaire sans autre création de valeur.

Les capitalistes "au désir inquiet", chercheurs permanents de profit devraient développer de préférence les industries employant du capital variable - la force de travail - plutôt que celles qui utilisent du capital constant - les machines - pour accroître leur appropriation du surtravail gratuit. L'évolution renverrait alors à une économie plus manufacturière que capitalistique, or c'est le contraire qui est constaté. Marx introduit alors au niveau global une manipulation de la plus-value avec deux leviers : le premier donne un taux de profit uniforme in fine, une répartition de la plus-value depuis les secteurs manufacturiers où elle est créée vers les secteurs plus capitalistiques, et pour réaliser cet ajustement périodique il faut un autre levier, un instrument informé et efficace réalisant discrètement ce transfert par la médiation du prix qui "répartit la plus-value sociale entre les masses de capitaux en proportion de leur grandeur"[17]. C'est le retour du marché, agent discret, coordonnateur de tous les intervenants et répartiteur ultime d'une survaleur déjà constituée.

La répartition marchande, sociale, dissimule un partage inéquitable de la survaleur. L'exploitation des forces de travail à la production est doublée au marché par une autre entre capitalistes sous l'apparence d'un taux égalitaire de profit, un détournement du surtravail constitué à l'avantage des unités les plus capitalistiques.

---

[17] Marx K., *Le Capital*, L1, Chap 3, Editions Sociales, Paris, 1957.

LA VALEUR-UTILITÉ DE WALRAS

Dans les *Eléments d'économie politique pure ou théorie de la richesse sociale*[18] Walras a proposé de renouveler la mesure de la valeur par un autre numéraire que le travail. Il introduit dans le savoir - simultanément à d'autres auteurs - une analyse nouvelle qui rapporte les changements de l'économie contemporaine. La valeur économique reste une grandeur attribuée aux choses négociées et réglant les taux d'échange. Elle détermine par type d'objet un niveau d'utilité sociale selon un équilibre de désirs exprimés dans un système de marchés simultanés et communicants où chaque individu échange une utilité contre une autre qu'il estime supérieure. Elle est une variable sociale fusionnant les positions personnelles pour établir une cohérence de tous les échanges avec une valeur unique par type d'objet, une égalité des valeurs dans chaque transaction, et sous les contraintes retenues une maximisation de la valeur totale échangée. La modélisation principale de Walras n'inclut ni monnaie spécifique, ni date, ni durée, mais des préférences et des contraintes techniques réglant les ajustements entre valeurs.

§8 - Fonctions individuelles d'utilité et fonctions agrégées

Chaque individu cherche à majorer une *fonction d'utilité personnelle* qui exprime son appréciation des diverses dotations possibles en objets, une fonction d'utilité-satisfaction. Un accroissement peut en être obtenu au marché par les échanges simultanés selon des prix relatifs exprimant une position commune. Dans ces opérations d'ajustement chaque unité supplémentaire cédée induit une réduction plus importante que la précédente de la fonction d'utilité, chaque unité ajoutée l'accroît moins fortement. Ces principes communs à toutes les fonctions personnelles les rendent agrégeables en fonctions d'Offre et de Demande au marché, les premières croissant avec le prix, les deuxièmes décroissant. Elles renvoient l'établissement d'un équilibre à l'action de coordination et d'information d'un commissaire-

[18] Walras Léon, *Eléments d'économie politique pure...*, 4ème édition, 1951 - réédition Economica.

priseur dont les annonces entraînent les initiatives individuelles pour une amélioration de l'état des fonctions d'utilité personnelles.

§9 - L'équilibre général

En considérant d'abord un marché 'binaire' où s'échangent exclusivement les objets des types A et B, le commissaire-priseur synthétise successivement les propositions d'échange et en informe à la criée jusqu'à provoquer un équilibre stable caractérisé par un taux d'échange unique donnant le prix relatif $p_{A/B}$ ou "prix de A en B", nombre d'objets B échangés contre un objet A. Le taux annoncé étant de m objets A contre n objets B, les écritures correspondantes font intervenir des valeurs d'échange unitaires v_A et v_B attribuées implicitement par le marché à toute unité de A et de B, arguments d'une *fonction d'utilité commune*, ainsi que $v_{A/B}$ la valeur relative de A en B. L'équilibre atteint on a les relations suivantes :

(1) $m.v_A = n.v_B$,

et celles qui sont déduites des définitions précédentes :

$$p_{A/B} = v_A/v_B = n/m = v_{A/B} = 1/\ v_{B/A}.$$

Ce taux d'échange d'équilibre indique qu'aucun offreur (resp. demandeur) ne trouvera désormais de contrepartie à un prix supérieur (resp. inférieur).

En élargissant les transactions à trois types d'objets A,B,C échangés sur des marchés binaires liés ou bien fusionnés, et en conservant des conditions analogues, les possesseurs de A qui veulent échanger contre C ont deux possibilités : soit l'échange direct, soit un échange contre B et l'échange immédiat des B obtenus contre C. La décision se fait à partir des annonces du commissaire-priseur, si elles indiquent des taux tels que : $v_{A/C}>v_{A/B}.v_{B/C}$, l'échange direct est plus avantageux que l'échange intermédié. Ce constat connu de tous aura pour effet d'augmenter l'offre directe de A contre C, il en réduit l'avantage et entraîne une baisse de $v_{A/C}$ à la prochaine annonce jusqu'à obtenir l'égalité.

Il y a *équilibre général* lorsque les options d'échange annoncées sont équilibrées pour tous les objets, soit :

(2) $v_{A/B}= v_{A/C} \cdot v_{C/B}$ et $v_{A/C} = v_{A/B} \cdot v_{B/C}$ et $v_{B/C} = v_{B/A} \cdot v_{A/C}.$

Aucun participant ne peut plus espérer une amélioration d'un taux d'échange sans en dégrader un autre et à ces valeurs ou aux prix relatifs correspondants en chaque produit l'offre est égale à la demande. De plus dès que deux de ces relations sont vérifiées, la troisième l'est obligatoirement. En revenant aux formes des relations (1) on obtient un système simple de deux équations indépendantes aux trois valeurs d'échange v_A, v_B, v_C, ce qui laisse une indétermination qui est reconduite quel que soit le nombre des types d'objets retenus : A,B,C,D,E.. Pour comparer à un instant donné les valeurs entre elles, les rapports ou valeurs relatives suffisent, mais pour les mesurer selon la fonction d'utilité commune il faut une contrainte indépendante supplémentaire.

§10 - Le système et l'impossibilité d'une mesure de la valeur

Le modèle d'échange avec marchés liés est représenté par un système d'équations aux valeurs qui a pour paramètres des quantités de marchandises et de services de production, les dotations initiales, et pour inconnues ces valeurs d'échange unitaires v_A, v_B, v_C.. mais un système qui a nécessairement une inconnue de plus que d'équations indépendantes. Walras supprime cette insuffisance en divisant chaque valeur par celle d'une marchandise quelconque qui sert d'unité de mesure. Avec cette opération les valeurs d'échange elles-mêmes ont disparu, remplacées par des valeurs relatives et dans des conditions courantes le système entier a une solution unique mais constituée par des rapports de valeurs réelles.

Walras sera conduit à affirmer : "la valeur est une chose essentiellement relative... derrière... *il y a quelque chose d'absolu...* les raretés personnelles ou subjectives" changeantes. Cet absolu est hors d'une modélisation statique définitive, il est le temps de l'homme, aussi a-t-il écrit et répété que sa construction se plaçait hors du temps[19]. Walras a besoin d'un étalon immédiat pas d'une unité permanente dans un mouvement historique ; il "doit être une certaine quantité d'une

[19] "Je ne fais point de la dynamique mais de la statique... Le temps ne figure pas même implicitement" - Lettre à Hermann Laurent, datée de 1900.

certaine marchandise et non la valeur de cette marchandise" (§§146,147). Réciproquement aucune marchandise-objet figée ne peut être un étalon permanent significatif, les désirs sont multiples, changeants, ils évoluent différemment dans un monde qui bouge. Il n'est pas possible de définir une mesure transpériodique de la valeur avec un étalon matériel figé irrévocablement.

La rupture apportée par les Lumières a mis la *valeur* au cœur de la compréhension de l'économie et l'a accompagnée de l'exigence d'un sens. Les théories qui en sont issues et particulièrement la synthèse d'Adam Smith l'ont considérée comme l'instrument fondamental du savoir mais en butant sur la définition d'une mesure alors que les études par les prix courants voilent les variations différenciées des survaleurs et leurs effets porteurs de changements plus profonds.

La première partie ciblant davantage la survaleur en présentera des formes historiques selon les monnaies gagées, des survaleurs « visibles » ayant pour origine une appréciation commune ou des survaleurs administrées résultant de décisions régaliennes. Dans la deuxième partie, le système des marchés périodiques simultanés pose une cohérence commune dans des échanges d'abord immédiats, puis avec des paiements retardés ou fragmentés, et pour le dernier niveau des échanges à terme. La détermination de l'unité permanente apporte la possibilité de calculer effectivement en chaque période toutes les survaleurs en particulier celle d'une unité de monnaie. La troisième partie introduit des formes dérivées des précédentes qui ne sont plus fondées sur des égalités ou des équilibres de valeur. Elles ont pour base des insatisfactions ou des anticipations nées de l'impossibilité de construire absolument par les échanges de marché un futur sans risque.

Dans une quatrième partie on évoquera quelques résultats proposés par Keynes qui s'inscrivait dans la lignée de la théorie historique en acceptant une compréhension par la valeur, toutefois sans disposer, ni définir, une unité de mesure permanente, reprenant ainsi une position analogue à celle de Turgot qui peut être dynamisée aujourd'hui.

PREMIÈRE PARTIE :

STRUCTURES DE LA VALEUR

CHAPITRE I :

MONNAIE ET SURVALEURS

Dans la suite on considèrera en trois niveaux successifs la représentation simplifiée d'une économie fermée ayant pour régulateur principal des échanges un système de marchés périodiques, simultanés, instantanés, liés par une monnaie dont l'unité sera désignée par £. En une même date il y a toujours une valeur d'échange unique pour les objets d'un même type échangés, notamment pour tout 1£ sur les marchés distincts.

Ce chapitre sur les monnaies constitue une entrée à la définition d'une mesure des valeurs au moyen de l'unité permanente qui sera précisée au chapitre suivant. On commence par le cas d'une monnaie gagée sous la forme de pièces d'or identiques, on évoquera ensuite ceux de la monnaie fiduciaire et de la monnaie scripturale. En chaque période et dans tout marché une survaleur le plus souvent positive, s'ajoute différemment par l'effet-Graslin aux valeur-coûts respectives des objets négociés - marchandises et titres - mais par contre une même survaleur actualise la valeur commune de toutes les unités de monnaie qu'elles soient impliquées dans un paiement ou non[20]. Les états de valeur des objets échangés deviennent à leur tour une nouvelle valeur-coût s'ils rentrent ultérieurement dans une transaction qui peut les modifier à nouveau par une nouvelle survaleur. Un *contrat* entre deux parties[21], adapte les déterminations du marché aux échanges bilatéraux qui pourront être simultanés ou décalés, avec paiements fractionnés ou non, mais un côté au moins concerne directement la monnaie.

---

[20] v. Introduction (*LES SURVALEURS* - p.17).

[21] Un *contrat* implique toujours une réciprocité, une dualité d'échange, un *accord* désigne plus largement une entente entre deux parties, un contrat en est une forme particulière.

MONNAIE GAGÈE

Dès l'Antiquité il existait une majoration de la capacité d'échange de l'or monétisé par rapport à l'or commercial, une *survaleur* nette dépassant les coûts du métal et de sa transformation. En des dates plus récentes où coexistaient des paiements en pièces d'or d'origines diverses (florins, ducats, doublons...) à cours libre on a constaté également que leur valeur d'échange ne s'alignait pas davantage sur les poids respectifs en métal précieux. La différence, un écart entre survaleurs, était imputée à des traits d'émission particuliers faisant que certaines monnaies de même titre étaient utilisées plutôt que d'autres. Il y avait une préférence générale pour un paiement avec la monnaie ayant acquis immédiatement l'écart de valeur le plus avantageux ce qui incitait les détenteurs de métal brut à le monétiser et par la suite à ne pas effectuer l'opération inverse devenue trop désavantageuse.

En France, par exemple à partir du XIIIème siècle, l'organisation des transactions commerciales dans le royaume impliquait une monnaie de compte permanente fonctionnant comme instrument commun et stable pour la mesure de valeur des objets échangés, elle avait pour unité la livre tournois[22], et une monnaie de paiement constituée principalement de pièces d'argent ou d'or frappées par les ateliers monétaires à partir du métal présenté par les particuliers. Le pouvoir royal par le *seigneuriage* accompagnait le coût de transformation d'un prélèvement matériel et attribuait une compensation supérieure aux pièces réalisées par un cours légal de paiement en livres tournois, avantageux par rapport au prix de marché du métal brut fourni, créant de cette façon une première survaleur.

Cet instrument de paiement entraînait un effet immédiat important, l'accroissement de la valeur monétaire globale disponible pour les échanges et par là l'impulsion de ces derniers. Lors de la frappe d'une pièce l'opération créait une

[22] "C'est une monnoye imaginaire dont on se sert pour les comptes", J. Savary des Brulons, *Dictionnaire Universel du Commerce*, Paris, 1773. Une unité de mesure qui permettait les variations limitées de valeur pour les mêmes objets sans qu'il y ait d'étalon permanent identifié.

survaleur positive d'incitation mais, après le premier échange, il n'y avait plus d'augmentation supplémentaire de valeur à envisager sauf si le pouvoir royal modifiait à nouveau avantageusement la capacité de paiement et sauf encore s'il apparaissait une rareté aggravée par la thésaurisation. Dans tous les cas il s'agissait d'une *survaleur administrée* au bénéfice initial partagé de l'apporteur de métal et du pouvoir, imposée à l'échange et non créée par l'échange. Des variations de survaleur touchaient également les marchandises par un changement ou un déplacement des préférences ce qui conduisait à une variation des prix exprimés en monnaie de compte. Dans le cas du bimétallisme, le métal qui apportait la plus grande survaleur était monétisé d'abord puis utilisé préférentiellement en paiement puisque le retour de la forme monnaie à celle de métal brut était plus pénalisante en valeur. C'est la "mauvaise" monnaie de Gresham qui permettait d'acheter avantageusement et qui envoyait la bonne monnaie en thésaurisation.

Le *seigneuriage* correspond à une disposition du droit seigneurial - comme le seigneuriage banal avec le moulin, le four, le pressoir.. ou autres privilèges et avantages - par laquelle était créée une monnaie à cours légal avec une survaleur administrée[23]. Il y avait une dépendance très forte du développement des échanges et de la valeur à l'accroissement de la quantité de monnaie active, de là dans ces époques des politiques cherchant prioritairement par les échanges extérieurs et d'autres procédés moins pacifiques à renforcer l'entrée de ces métaux ou à en limiter la sortie.

MONNAIE FIDUCIAIRE

Le passage d'une monnaie gagée à une monnaie fiduciaire associée à une monnaie scripturale a conduit à la construction

---

[23] La seigneurie apportait dès le haut Moyen-Age des droits économiques exorbitants au seigneur mais ne lui imposait jamais l'obligation de fournir un travail. La *seigneurisation* indique une orientation réglementaire abusive qui permet à un individu ou à un groupe d'inscrire et d'activer des droits d'appropriation majorés sur la valeur créée ou disponible.

d'un système qui a supprimé progressivement les variations de valeur induites par les changements de prix du métal-gage et par une survaleur administrée. Le système est réalisé aujourd'hui par des institutions qui partagent un pouvoir de création d'unités de monnaie dont il faut stabiliser la valeur. La Banque Centrale Européenne, l'échelon le plus élevé, émettrice de la monnaie fiduciaire est soumise dans l'Eurosystème à la fonction principale du maintien de la stabilité du prix d'un panier d'objets échangeables et à la satisfaction d'exigences monétaires pour le développement économique parmi lesquelles le fonctionnement continu du système de paiement[24].

§11 - Le degré de confiance et l'effet-Graslin

Si la création de la monnaie fiduciaire aujourd'hui n'est plus limitée par le gage elle ne peut pour autant devenir arbitraire, elle est activée et justifiée principalement par la transformation en liquidités de créances et titres apportant une garantie de valeur. Quelle que soit la date de création d'une unité de monnaie 1£, dans une même période la fongibilité des unités préexistantes et nouvelles pour tout support : métal, papier, électronique.. entraîne un ajustement général sur une même valeur-coût, une même valeur d'échange et des variations identiques par la suite. Dans la présentation qui suit, la *valeur-coût de production* ou *valeur-coût* unique de tout 1£ disponible pour les échanges de la période n est considérée comme égale à la valeur de paiement commune aux 1£ à la période précédente.

L'égalité de valeur entre une marchandise et la quantité de monnaie qui en constitue le prix résulte de modifications apportées aux deux valeurs-coût par des *survaleurs* distinctes : d'abord celle de la marchandise qui vient de l'effet-Graslin[25] et

[24] La Banque Centrale Européenne crée de la valeur dans l'Eurosystème avec la monnaie fiduciaire non contrainte contre des actifs financiers éligibles, une monnaie remboursable, et par les mesures non conventionnelles elle peut créer, au-delà de l'éligibilité, des liquidités qui peuvent ensuite être stérilisées partiellement ou circuler dans le système financier ou dans celui des dérivés.

[25] Puisque les marchandises semblables auront même valeur d'échange leurs survaleurs seront différentes selon leur parcours de valeur précédent (dates et conditions de fabrication, échanges antérieurs..).

une autre plus complexe pour la monnaie. Cette dernière survaleur affecte identiquement les 1£ sur tous les marchés périodiques simultanés et résulte de l'application combinée à sa valeur-coût : d'une part du *degré de confiance*, expression d'un jugement collectif sur son potentiel de valeur et d'autre part de l'effet-Graslin spécifique de la monnaie qui exprime un degré de préférence immédiat pour cet actif. La combinaison des deux constitue une survaleur monétaire mesurable[26] qui donne un taux d'inflation ou bien de déflation. Si le degré de confiance est favorable, il exprime l'anticipation commune d'une majoration de valeur, elle ajoute alors un effet de valorisation à l'effet-Graslin spécifique de même sens. Collectivement il est envisagé une augmentation de la valeur, du potentiel d'achat de 1£, ce qui provoque l'attente d'une baisse des prix et peut conduire à un report des dépenses, une préférence pour les placements ou la thésaurisation, on aboutit à des situations déflationnistes. Dans le cas contraire, l'attente plus fréquente d'une diminution de la valeur de 1£ conduit à la perspective d'une hausse des prix, la prévision d'une dévalorisation. La création monétaire dans les conditions courantes doit donc cibler implicitement, même provoquer, une correction négative de sa valeur par le degré de confiance, un taux de dévalorisation anticipé et stable suffisant pour réduire l'effet-Graslin en entraînant ainsi un accroissement des échanges.

§12 - Les instruments

Il ne peut y avoir dans une économie fermée - hors circonstances exceptionnelles - l'espoir d'un développement de la valeur globale sans l'anticipation commune d'une dévalorisation limitée de la monnaie. Une politique économique peut assister ce développement en incitant à plus de transactions avec une survaleur positive pour les objets jointe à une création monétaire appropriée donnant une résultante plus faible à l'ensemble degré de confiance-survaleur spécifique pour la monnaie.

---

[26] Un exemple de calcul est donné page 53.

Dans un passé évoqué ci-dessus, après des périodes de croissance parfois substantielle mais parfois aussi provoquée par des évènements inattendus ou des engouements passagers qui poussent certaines valeurs puis les abandonnent[27], des mouvements nés de doutes sur la valeur future des instruments de paiement, un degré de confiance très négatif, ont conduit à instaurer le cours forcé d'une monnaie fiduciaire. Pour cela il a fallu constituer d'abord un Institut d'émission et une Banque Centrale qui contrôle le niveau des disponibilités pour une circulation monétaire propice au maintien d'un degré de confiance favorable aux échanges, cela en permettant une création secondaire de monnaie par les banques commerciales. Ces dernières qui reçoivent les dépôts inscrits en compte courant ont un pouvoir délégué de la Banque Centrale pour la création de leur propre monnaie dématérialisée, dans la même unité et de même valeur, la monnaie scripturale. Leur position proche des clients-emprunteurs les rend plus aptes à sélectionner les projets économiques qui apporteront plus de valeur, projets qui sont les instruments fondamentaux du développement. Le supplément de monnaie créé - le crédit bancaire - pour autant qu'il dégrade sans excès le degré de confiance, induit un accroissement des échanges qui peut se heurter à une augmentation de la préférence pour la détention de liquidités.

La conscience acquise progressivement que la valeur se créait dans tout échange d'actif, concret ou virtuel (production future par exemple), matériel ou financier, a activé les politiques d'endettement avec la création de titres de dette échangeables, la multiplication des instruments de transaction, les emboîtements et les liaisons d'objets négociables complexes pour provoquer des survalorisations liées, sans création réelle. Ces possibilités nouvelles permettent de constituer un système imbriqué et complexe de chaînages de valeurs sans support

[27] Le travail et une rumeur sont des créateurs potentiels de valeur mais la rumeur a aussi une forte capacité de dissipation.

confirmé, dépendant les unes des autres et le plus souvent à proximité de la création monétaire.

Puisque toutes les unités de monnaie ont dès leur création une valeur-coût égale à la valeur courante des unités préexistantes, elles augmentent immédiatement la valeur globale des instruments de paiement disponibles ainsi que les possibilités d'échange et de survaleurs. Mais d'autre part elles ont simultanément, dès la même création un effet restrictif sur le degré de confiance, ce qui réduit le potentiel communément perçu pour les unités de monnaie disponibles. Il s'agit alors de déterminer par la Banque Centrale des réglages plus ingénieux qui peuvent décaler dans le sens souhaité un effet par rapport à l'autre.

DEUXIÈME PARTIE :

MARCHÉS COORDONNÉS OU PÉRIODIQUES

CHAPITRE II :

MESURE PERMANENTE DE LA VALEUR

Dans la préface de la première édition anglaise de la *Théorie Générale* Keynes a écrit que sa méthode "fait intervenir l'action combinée de l'offre et de la demande et c'est par là qu'elle se rattache à la théorie fondamentale de la valeur" (TG - p.15). Déclaration liminaire, sans doute pour se situer dans les traces du mouvement historique et pour exprimer également ce que disait Hegel au siècle précédent, "la crainte de se placer hors de la chose elle-même". Une nouvelle compréhension de l'économie a été initiée dans la deuxième partie du XVIIIème siècle mais l'absence d'une mesure a entraîné fragmentations et flottements dans le savoir. Beaucoup d'études ont été contraintes ensuite par une restriction de l'objet, par un alignement idéologique ou d'intérêt, ou encore par défaut d'une approche historique. Or c'est à partir du développement du désir, du travail et de l'échange qu'il est possible d'accroître la valeur économique réelle, l'attribut énergétique qui porte une amélioration du vécu humain, et c'est par leur réduction qu'on la restreint. Les résultats précédents conduisent à un examen plus précis de cette grandeur qui anime un ajustement social et l'exigence d'une mesure permanente.

LE SYSTÈME PERIODIQUE D'ÉCHANGE

Le *premier niveau* de modélisation part du schéma de base esquissé au début du chapitre précédent. Il comprend un *marché des marchandises* ou *marché principal* structuré en *compartiments* correspondant à chaque type d'objet et un *marché du travail*. La monnaie est la contrepartie unique des échanges dans le *système* de ces deux *marchés périodiques* réglementés et communicants considérés comme instantanés et simultanés dans une session unique en fin de période annuelle. La monnaie permet une cohérence générale par l'attribution de la même valeur d'échange aux objets semblables et par l'égalité des valeurs dans tous les échanges singuliers, égalité déterminée par l'équilibre des offres et des demandes.

Seul le contrat au marché du travail détermine toujours que la prestation sera effectuée à la période suivante ce qui est maintenu par la suite. Pour la monnaie, paiement de contrepartie, la valeur d'une unité sera notée dans sa généralité v(1£), elle sera déterminée au marché principal, transmise au marché du travail et à d'autres marchés périodiques simultanés qui seront introduits ultérieurement. On appellera *élément principal* d'une transaction l'objet qui caractérise un échange : bien ou service dans un achat-vente, capital monétaire dans un prêt, titre de propriété ou de créance dans un échange financier.

§13 - Unité permanente et étalons variables, mesure réelle

On a rappelé que Turgot accueillait favorablement la signification que Graslin donnait à la valeur, toutefois il affirmait l'impossibilité de définir une unité permanente. Mais si l'on part de l'homme plutôt que d'une Nature bienveillante, un désir normal, fondamental et universel est le désir de vivre et d'exister qui peut conduire une société à définir l'unité d'utilité sociale à partir d'une norme perpétuelle de valeur actualisée en *unité permanente* par un *panier d'existence* individuel ou *panier de base* conforme au souhait de Ricardo mais panier évolutif, concrétisé en chaque date par un *panier-étalon*. Celui-ci devient la contrepartie minimale et obligatoire de travaux considérés à leur tour comme étalons d'une autre unité permanente, elle-même actualisation d'une norme universelle associée, le *travail social*, pour deux mesures réelles et liées de la valeur économique.

Au marché du travail, le salaire correspondant au travail-étalon est égal au prix du panier de base fixé au marché principal, il peut varier d'une année à l'autre seulement en prix non en valeur. En chaque période la mesure de la valeur du travail-étalon[28] acheté - comme celle du panier de base au marché principal - est toujours 1 ce qui détermine la valeur

[28] Ce n'est plus le même travail qui a toujours la même valeur mais un travail changeant avec les périodes qui permet d'acheter un panier d'existence.

réelle et changeante de 1£. Avec l'association des deux étalons, concrétisations périodiques respectivement de l'unité permanente d'utilité sociale et de l'unité permanente de travail social, les prix traduits en valeur permettent d'y retrouver deux mesures distinctes donnant les mêmes évaluations et ainsi de les identifier[29].

La proposition suppose qu'il y ait un organe social indépendant des intérêts particuliers engagés dans ces échanges qui en maintienne le sens universel, la norme d'utilité sociale permanente et le code d'actualisation, mais encore qu'il existe une réglementation correspondante des travaux concrets. Dans ces conditions la mesure réelle de la valeur économique est rendue calculable à partir des prix courants et les évaluations qui en résultent deviennent interprétables à la fois en "bonté" de l'utilité sociale et en "pénibilité" du travail social.

§14 - Valeur et survaleur, mouvements et réajustements

En chaque date, les objets semblables ont une même valeur spécifique déterminée sur les marchés périodiques correspondants[30]. Elle exprime une appréciation sociale établie par le système de valorisation et d'échange constitué par les marchés liés. Pour la monnaie, elle résulte de sa valeur à la période précédente, analogue à une valeur-coût de production, corrigée d'une survaleur par le degré de confiance et par l'effet-Graslin.

Les survaleurs n'apparaissent pas dans les prix courants, elles apportent une correction aux valeurs-coûts, un ajustement par les préférences des échangeurs : pour les uns obtenir un objet plutôt que conserver de la monnaie, pour les autres le contraire, une justification de l'échange dont le profit nominal n'est qu'une approche biaisée. Les variations annuelles des survaleurs des objets et de la monnaie modifient les prix et

[29] Si les progrès dans la productivité du travail sont plus rapides que le développement du panier lui-même, les ajustements de l'unité de travail social seront plus fréquents. Commencer à étudier une mesure de la valeur par le travail, contrainte universelle, inverse l'ordre réel et peut conduire à des ajustements inappropriés de l'étalon d'utilité sociale.

[30] Le marché principal pour les marchandises et pour la monnaie.

agissent sur les coûts de production à venir. Si l'on attend du système économique un accroissement de la valeur globale, on ne peut en espérer aucune stabilité à moins que toutes les survaleurs ne soient nulles, ce qui signifierait qu'il n'y a aucune préférence relative, le résultat en serait de réduire rapidement les transactions puis la production. D'autre part avec des survaleurs différentes aucun taux d'échange singulier ne peut se reproduire à l'identique sans qu'il y ait modification d'autres valeurs, le système ne reconduit jamais sans une intervention extérieure la même situation globale des échanges.

Un accroissement de la quantité de monnaie réduit le degré de confiance mais il peut accroître la survaleur globale car il modifie les préférences relatives, élargit les possibilités de transaction et de développement. Les crises économiques qui se manifestent par une réduction des échanges même dans une situation de facilité monétaire, sont d'abord les problèmes de valeurs qui ne se rencontrent pas ou qui ne peuvent s'ajuster.

PRIX RÉELS ET CONVENTIONS D'ÉCRITURE

Passer aux mesures de valeur avec l'unité permanente fournit en chaque période des évaluations réelles et toutes les mesures passées et présentes à partir du panier à composition variable mais conforme à la norme perpétuelle deviennent comparables en réalité ou absolument. Un marché fixe des prix qui sont des mesures relatives de l'état de valeur des objets échangés à partir de celui de 1£ ; il n'y a pas de difficulté à passer du prix courant au prix réel en le divisant par le prix du panier de base, ce qui autorise alors les deux interprétations liées, par les numéraires *utilité-sociale* ou bien par le *travail-social.* Elles seules permettent les comparaisons interpériodiques selon le sens réel. De plus l'introduction de l'unité permanente permet de montrer la réalité des survaleurs pour la monnaie comme pour les objets échangés et de les calculer.

Faire apparaître les mesures de valeur à partir de l'unité permanente, nécessite quelques ajustements et conventions d'écriture. La *date 0* est la *date de base* de l'observation et des calculs, généralement la date courante, on désignera la valeur de l'objet A disponible par $v_0(A)$, parfois $v_0(A^0)$, et les *valeurs anticipées* pour les dates i par $v_i(A)$, parfois $v_i(A^i)$. Plus généralement les dates futures seront désignées par des nombres positifs 1, 2, 3… et les dates passées par -1, -2, -3… Le glissement de la date 0 entraîne que toutes les dates précédemment calées se trouvent décrémentées du nombre d'années considéré ; en particulier, les valeurs anticipées pour une même date calendaire seront modifiées à chaque mouvement annuel.

Une modification dans l'écriture

Pour étudier une période déterminée on distingue deux cas : soit, plus fréquemment, elle est postérieure à la date 0, par exemple limitée par les dates n et n+1, elle sera alors désignée par "période n+1", soit elle précède la date 0, par exemple située entre les dates -n-1 et -n elle sera appelée 'période -n-1'. Avec ce nouveau codage élargi (**figure 1'**) qui adapte et complète celui de la **figure 1,** en séparant les écritures d'anticipation de celles qui concernent les résultats passés, il n'y a pas de '*période 0*' s'il y a toujours une date 0.

figure 1' : Sur l'axe d'écoulement du temps on a les formes suivantes pour les dates et les périodes

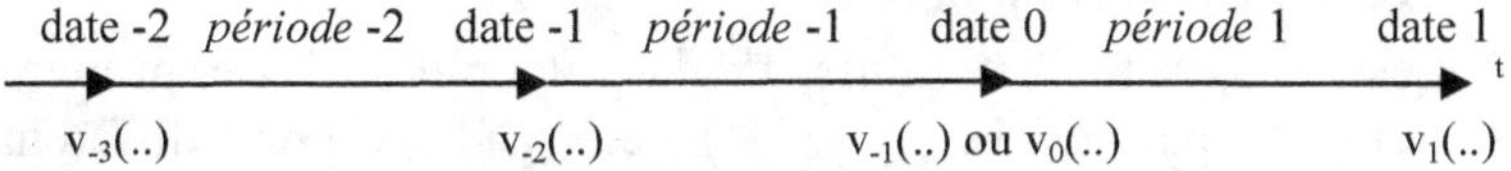

Pour chacune des dates ou périodes, à partir de l'étalon de l'unité permanente on peut déterminer les mesures réelles correspondant aux prix courants ou anticipés.

Règles d'écriture et interprétation

Il devient possible de regrouper les conventions d'écriture et des relations entre valeurs dans les formes suivantes où l'entier n désignera une date quelconque, passée ou future :

En date 0 qui est date de base des contrats et des relations entre valeurs :

* $v_0(1£)$ représente la valeur de 1£ <u>disponible</u> ou sa valeur en fin de période -1 : on peut donc écrire $v_0(1£)$ ou rarement v_{-}

$_1(1£)$. De même $v_0(A)$ et $v_0(1A^0)$ représentent la valeur de A en cette date 0 ou en fin de période -1, ce qui permettrait d'écrire aussi $v_{-1}(A)$.

* $v_n(1£)$ ou $v_n(1£^n)$ ainsi que $v_n(A)$ ou $v_n(A^n)$ indiquent pour n entier positif, les *valeurs anticipées* de 1£ et de A pour la fin de la période future n.

* $v_0(1£^n)$ désigne la valeur de 1£ dans un contrat qui prévoit un paiement retardé à la date future n, donc avec une réduction appliquée à la valeur disponible, ce qui introduira les taux d'intérêt. Pour suivre un exemple de Keynes le principe sera étendu au chapitre VII à des objets quelconques. Un type particulier de contrat - le contrat à terme ferme - prévoit que les échanges réciproques seront effectués simultanément à une date future n et à un prix m£ correspondant aux valeurs anticipées[31] c'est-à-dire selon : $v_n(A) = m.v_n(1£)$.

* Les échanges des marchés périodiques étant toujours effectués à égalité de valeur, dans l'achat de l'objet A au prix m£ à régler immédiatement ou au prix n£ à verser dans une période, $v_0(A)$ est égal à $m.v_0(1£)$ dans le premier cas et à $n.v_0(1£^1)$ dans le second, soit :

$$v_0(A) = m.v_0(1£) \quad \text{et} \quad v_0(A) = n.v_0(1£^1)$$

et puisque $v_0(1£)$ est différent de $v_0(1£^1)$ on aura m différent de n avec le plus souvent $m < n$.

* Les états, actuel et futurs, de la valeur de 1£ s'expriment seulement par $v_0(1£)$, $v_0(1£^n)$ et $v_n(1£)$; ils diffèrent généralement entre eux[32].

* Les deux valeurs qu'auront effectivement 1£ ou l'objet A dans n périodes diffèreront de leurs valeurs anticipées $v_n(1£)$ et $v_n(A)$ reprécisées en chacune des dates intermédiaires. Elles seront évoquées rarement par v'(1£) ou v'(A).

---

[31] Le problème sera repris aux chapitres V et VII.

[32] L'écriture $v_m(1£^n)$ avec $m.n \neq 0$ n'a une signification que dans le cas des *structures par terme des taux* évoqué plus loin.

En date 0

La valeur d'un objet A disponible est notée $v_0(A)$ et ses valeurs anticipées pour les dates 1 et 2 respectivement $v_1(A)$ et $v_2(A)$. Elles sont différentes entre elles et ne sont comparables réellement que par leur mesure avec l'unité permanente, concrètement à partir de ses étalons aux dates 0, 1 et 2. Il en est de même pour A et B si les relations entre valeurs observées et valeurs anticipées sont proposées par :

$$v_0(A) = 3.v_2(B) \quad \text{et} \quad 2.v_0(A) > v_2(B),$$

ou en utilisant une écriture conventionnelle plus explicite :

$$mes_R v_0(A) = 3.mes_R v_2(B) \quad \text{et} \quad 2.mes_R v_0(A) > mes_R v_2(B),$$

Elles constituent des expressions quantitatives formatées qui ne sont pas données par le système des marchés périodiques où les relations sont toujours des prix qui traduisent des égalités de valeur à la date de l'accord, prix qui incluent les corrections pour les échanges retardés[33].

a) Tableau des correspondances

Les prix observés pour une marchandise A et un panier P quelconque sont respectivement m£ et p£, ils résultent de l'activité de la période -1. Les relations entre les états de valeur correspondants peuvent s'exprimer par :

$$v_0(A) = m.v_0(1£) \qquad v_0(P) = p.v_0(1£) \qquad v_0(1£) = 1.v_0(1£).$$

Les prix respectifs de A et 1£ avec la valeur de P comme unité s'écrivent alors :

$$v_0(A)/v_0(P) = m/p \quad \text{et} \quad v_0(1£)/v_0(P) = 1/p.$$

Si P devient le panier de base, les prix relatifs deviennent des prix réels ou des évaluations et mesures réelles pour la période -1 ou en date 0. On peut en cette date et pour toute date passée établir un *Tableau des correspondances* associant le prix monétaire observé pour les marchandises ou les travaux et leur prix réel. La simplicité et l'aspect pratique apportés par la

[33] Le système des marchés périodiques donne en date 0 la cohérence des valeurs pour les figures différentes concernant les objets semblables. Ces figures sont : un échange immédiat utilisant $v_0(A)$ et $v_0(1£)$ ou avec un paiement retardé utilisant $v_0(A)$ et $v_0(1£^n)$ ou à terme ferme avec $v_n(A)$ et $v_n(1£)$.

monnaie voilent des significations sociales majeures que seules les mesures avec l'unité permanente peuvent révéler.

b) Survaleurs : relations et mesure

Les calculs concernant les survaleurs impliquées dans les échanges sont possibles en fin de période à partir de la connaissance des prix courants et du prix de l'étalon de l'unité permanente pour deux dates d'encadrement (**figure 1'**) :

- *les relations* : Au marché principal une marchandise A est échangée au prix courant p_A, sa valeur d'échange et celle de 1£ sont formées respectivement : pour A, d'une valeur-coût de production $v_{cP}(A^0)$ plus une survaleur $S_{A,0}$ et pour 1£ de sa valeur au marché précédent $v_{-2}(1£)$ et s_0, une survaleur spécifique de la monnaie. Les expressions des deux survaleurs sont des nombres algébriques qui donnent les deux formes suivantes de l'égalité des valeurs : l'une courante, l'autre avec les mesures réelles :

(a) $v_0(A) = p_A.v_0(1£^0)$ et $v_{cP}(A^0) + S_{A,0} = p_A.[v_{-2}(1£) + s_0]$.

Ce qui permet d'établir entre les deux survaleurs s_0 et $S_{A,0}$ la relation :

(b) $s_0 = 1/p_A.[S_{A,0} + mes_R v_{cP}(A^0) - p_A.mes_R v_{-2}(1£)]$.

Elle est de la forme : $s_0 = \alpha.S_{A,0} + \beta$, avec $\alpha = 1/p_A$ positif rappelant simplement que pour conserver l'égalité il faut que les deux survaleurs varient dans le même sens mais qu'elles peuvent être de même signe ou de signe contraire sur leur échelle de variation.

- *les mesures* : En disposant des prix courants des marchandises et du travail pour les dates -1 et 0, en particulier des prix p_{-1} et p_0 du panier de base P, on obtient deux expressions des mesures de valeur avec l'unité permanente :

en période -2 : $v_{-2}(1P) = p_{-2}.v_{-2}(1£) = 1$ ou $1 = p_{-2}.mes_R v_2(1£)$,

en période -1 : $v_{-1}(1P) = p_{-1}.v_{-1}(1£) = 1$ ou $1 = p_{-1}.mes_R v_{-1}(1£)$,

ou encore :

$v_{-1}(1£) = v_{-2}(1£) + s_0$ soit $mes_R v_{-1}(1£) = mes_R v_{-2}(1£) + s_0$

qui donne :

$$\boxed{s_0 = (p_{-2}-p_{-1})/p_{-1}.p_{-2}}.$$

La transformation d'un travail personnel fixé dans un produit en travail social, une reconnaissance commune, est faite par le système des marchés périodiques qui manifeste une valorisation dans tout accord d'échange. L'opération est en général créatrice de survaleurs par l'effet-Graslin, des suppléments de valeur affectant les deux côtés, ajouts qui sont transparents dans la variation du prix courant mais que peut révéler un recours à l'unité permanente. Répéter l'échange des mêmes objets matériels ou de leurs représentations comme des titres financiers de propriété offre avec l'assistance d'une création monétaire désordonnée la possibilité d'apporter sans travail nouveau un supplément de valeur économique, une majoration de l'utilité sociale par une nouvelle valorisation dans un système élargi et lié où une seule défaillance peut entraîner l'effondrement de tout le système des valeurs.

Effectuer les mesures avec l'unité de valeur réelle - ce qui ne peut être réalisé en continu - annule le biais apporté par un prix qui dissimule toujours les variations de la survaleur monétaire. Le potentiel d'accroissement des valorisations, fondé sur des appréciations différentes et variables, crée des opportunités tactiques pour son développement, sans travail et sans production nouvelle, mais il accentue et accroît aussi l'instabilité et la fragilité de l'ensemble économique. Il suffit qu'un système bancaire ou de réglementation insuffisamment ajusté sur la valeur réelle détourne la circulation et la création monétaires vers ces opérations en s'impliquant lui-même pour que leur répétition engendre des tensions difficilement soutenables dans l'économie.

CHAPITRE III :

TAUX D'INTÉRÊT OU DE DÉVALORISATION

Le premier niveau de modélisation a présenté un système de deux marchés périodiques communicants, simultanés et à session instantanée en fin de période, dans lequel les marchandises sont échangées au marché principal contre des paiements immédiats, seul au marché du travail le versement du salaire précède une prestation à fournir. Un élargissement pour un *deuxième niveau* de modélisation est réalisé à partir des modifications suivantes.

* On ajoute un *marché des prêts monétaires* constituant d'un marché plus large appelé *marché des taux*, marché périodique simultané et lié aux précédents, structuré en compartiments de taux qui résultent de déterminants présentés ici sur deux chapitres. Il établit les conditions générales des *contrats de prêt* avec création des titres de dette dont certains peuvent être ensuite négociés sur un marché secondaire[34]. Ils prévoient un remboursement unique ou fractionné mais toujours selon les règles du système des marchés périodiques en particulier avec égalité des valeurs échangées à la date 0 pour le marché primaire et aux dates courantes ultérieures pour le marché secondaire. Dans le modèle de premier niveau, l'élément principal du marché des marchandises et le paiement étaient échangés simultanément et immédiatement, à présent ce dernier pourra être fractionné ou retardé aux conditions du prêt correspondant. A une même date les prix des objets semblables - toujours égaux pour un paiement immédiat - y apparaissent maintenant différents uniquement par la compensation de la dévalorisation des paiements retardés.

* On adjoint des marchés financiers périodiques où s'échangent immédiatement des titres de propriété, des titres de

---

[34] La négociabilité des dettes est un problème critique. On échange assez facilement les titres de dette dans les marchés financiers réglementés de titres au porteur comme les Obligations mais beaucoup plus difficilement les dettes commerciales courantes.

dettes et des créances, négociables, avec paiements immédiats ou retardés, réglés comme au marché des prêts monétaires.

Dans ce niveau, les versements retardés - remboursements ou paiements - entraînent l'apparition de taux d'intérêt qui réalisent en date 0 l'égalité entre la valeur du prêt en monnaie disponible, exprimée à partir de v_0(1£), et la valeur des remboursements futurs exprimée au moyen des v_0(1£^{n}). La détermination fondamentale de v_0(1£) étant toujours faite au marché principal à partir du paiement immédiat des composants du panier de base. Le remboursement en une seule fois ou bien en plusieurs versements comprend le retour du capital nominal, souvent à l'échéance, auquel s'ajoutent des intérêts versés périodiquement ou avec le remboursement du capital. Ils compensent la réduction de la valeur actuelle des versements futurs, les v_0(1£^{n}), et d'autres dévalorisations éventuelles. Afin de rendre le rôle des valeurs plus évident, on double la représentation habituelle par un modèle formel comportant un quasi-remboursement ou quasi-paiement total et immédiat effectué à la date 0 par un versement global en *monnaie contrainte.* Une monnaie semblable dont la propriété de liquidité est suspendue jusqu'aux dates des remboursements partiels prévus où les sommes contraintes correspondantes retrouvent leur pleine capacité d'échange. Les retards différents pour que les unités de cette monnaie récupèrent leur liquidité impliquent des baisses différentes de valeur dans le quasi-remboursement, baisses accentuées avec la durée par un *effet-retard.* Il y a ainsi une première dévalorisation du quasi-remboursement par rapport à un rendu immédiat en monnaie disponible, donc une compensation en quantité. Il s'ajoute indépendamment, dans les deux formes, une autre dévalorisation par un *effet-inflation* selon les anticipations de la valeur future des remboursements c'est-à-dire selon l'inflation prévue. Ces deux effets indépendants, réducteurs associés de la valeur de 1£ disponible, entraînent simultanément pour établir l'égalité des valeurs échangées une majoration du remboursement par rapport au montant nominal prêté.

Dans la suite une *période* désignera comme précédemment une année datable dans une séquence ou plus couramment la durée annuelle ; une *phase* est une durée constituée d'une ou plusieurs périodes successives. On sépare les cas du remboursement unique de ceux avec fractionnement.

VERSEMENT UNIQUE RETARDÉ

La date 0, date courante est la date de départ des périodes constituant la durée du prêt (ou le délai de paiement), chaque année les taux d'intérêt y sont fixés pour différentes durées. Le transfert effectif de l'élément principal : capital, marchandise, titre, créance négociable.. est immédiat alors que le versement unique de la contrepartie monétaire de même valeur est reporté à une date n. Il comprendra le remboursement du capital nominal à valeur réduite par le retard et par l'inflation anticipée, ce qui nécessite pour établir cette égalité des valeurs en date 0 une compensation quantitative exprimée par un *taux d'intérêt i.* L'expression générale qui le définit pour un capital 1£ prêté pendant une phase de n périodes ou pour un paiement retardé à la date n est :

(1) $v_0(1£) = (1+i).v_0(1£^n)$ $\boxed{\text{ou } v_0(1£^n) = (1+i)^{-1}.v_0(1£)}$

§15 - Taux avec monnaie contrainte et inflation anticipée

Passer du modèle initial aux opérations de deuxième niveau exige d'apporter quelques précisions aux conventions d'écriture simplifiée introduites au chapitre précédent. Elles concernent le traitement de la valeur dans un versement retardé avec une prévision d'inflation qui réduit la valeur anticipée $v_n(1£)$ par rapport à la valeur disponible $v_0(1£)$.

a) Le taux d'intérêt de base

En une date 0 :

On considère la figure théorique où 1£ est prêtée pour n périodes consécutives ou pour une phase de n périodes.

* S'il n'est pas prévu d'inflation, en date n la monnaie disponible devrait y retrouver la même valeur, soit : $v_n(1£) = v_0(1£)$, mais jusque là le prêteur disposera d'une monnaie contrainte donc inutilisable. Sa valeur notée $v_0(1£^n)$ est réduite par l'*effet-retard*, ce qui donne :

$v_0(1£^n) < v_0(1£)$ ou $v_0(1£^1) < v_0(1£)$ pour la phase entière.

* S'il s'agit d'un objet A qui peut être vendu contre un paiement immédiat m£ ou bien contre un paiement retardé m_n£ on obtient respectivement :

$v_0(A) = m_0.v_0(1£)$ ou bien $v_0(A) = m_n.v_0(1£^n)$, avec $m_0 < m_n$.

Un *prêt* même sans prévision d'inflation entraîne toujours une réduction de $v_0(1£^n)$ par rapport à $v_0(1£)$, incidence qui croît avec la durée, ce qui donne la forme générale :

(2) $v_0(1£^n) = (1+j_0)^{-1}.v_0(1£)$ avec $j_0 > 0$.

Dans cette relation j_0 sera appelé taux de *dévalorisation première* de 1£, un strict *taux de contrainte* supporté par le prêteur et croissant avec le retard du remboursement. Cependant on ne passe pas du taux de dévalorisation première pour une période à celui d'une phase de deux périodes en multipliant le premier par deux, c'est une règle à fondement psychologique vérifiée empiriquement.

* En considérant à présent le temps non plus comme durée mesurable mais comme une pure relation d'ordre (ou en posant $j_0 = 0$), un taux d'inflation anticipé apparaît comme résultant du degré de confiance en la monnaie et de l'effet-Graslin appliqué à l'achat du panier de base ou à un 'core' représentatif[35]. Une hausse de prix attendue découle alors exclusivement d'une baisse prévue pour la valeur réelle de 1£, elle détermine un *taux d'inflation positif* j_1 expression du seul effet-inflation. Il donne pour la date 1 une *valeur anticipée* $v_1(1£)$ inférieure à $v_0(1£)$, soit dans ce cas l'écriture suivante :

(2') $\boxed{v_0(1£^1) = (1+j_1)^{-1}.v_0(1£) = v_1(1£) \quad \text{avec } j_1 > 0.}$

** Les deux dévalorisations sont autonomes, dans un prêt elles s'appliquent simultanément et indépendamment à $v_0(1£)$. Leurs incidences s'ajoutent simplement et donnent la relation caractéristique pour une phase de n périodes :

(2'') $v_0(1£^n) = (1+j')^{-1}.v_0(1£)$ avec $j' = j_0 + j_1$

où j_0 est le taux de dévalorisation première et j_1 le taux d'inflation anticipé sur la phase.

---

[35] Les paniers de base sont utilisés au niveau national et européen mais leur composition n'est pas toujours communiquée, seul le taux d'inflation correspondant est publié.

b) *La dévalorisation première*

Dans la figure d'un prêt avec monnaie contrainte, le taux de dévalorisation première j_0 est fondé exclusivement sur le coût de la privation de liquidité supporté par le prêteur. Il croît avec la durée mais reste généralement stable avec le glissement de la date 0. Propriété exclusive attachée à la monnaie et à l'opération de prêt il devient une composante permanente dans les taux complexes du chapitre suivant qui ajouteront d'autres dévalorisations.

figure 3 : *Courbe concave du taux de dévalorisation première* © : L'axe vertical donne les taux de dévalorisation première j_0 pour différentes phases de durée 1, 2, 3 indiquées sur l'axe horizontal.

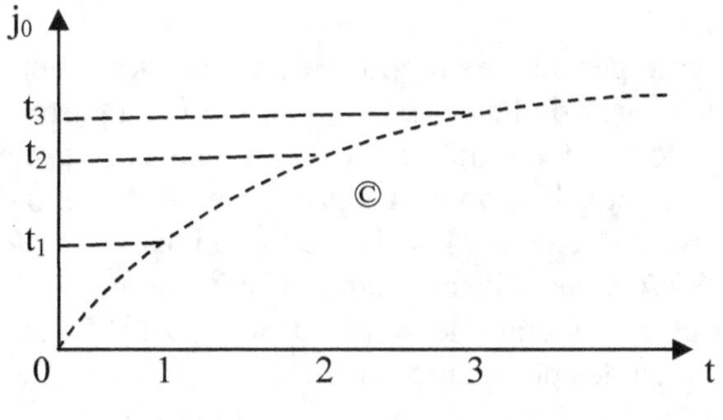

Dans le court terme j_0 est proche des rémunérations des dépôts monétaires avec retrait sans préavis, la motivation n'étant pas de compenser une perte de valeur mais d'obtenir le paiement d'un service de liquidité qui peut être interrompu à tout moment par un remboursement nominal assuré. L'emprunteur qui satisfait le mieux ces aspirations reste d'abord l'Etat avec ses émissions de dette à court terme ainsi que les organismes qui rétribuent des dépôts transitoires en ne payant que la mise à disposition de la liquidité, mais au delà de ces courtes durées les aléas économiques deviennent plus prégnants et troublent l'approche des effets. On peut cependant construire au moyen d'extrapolations faites à partir des taux connus ainsi que des principes évoqués ci-dessus et pour des phases limitées une *Table et Courbe des taux de*

dévalorisation première pour les durées significatives. Table liée au Tableau des correspondances du chapitre précédent qui donne des taux relativement stables perturbés par les variations des taux directeurs de la Banque Centrale qui fixent un coût de la liquidité différent pour les organismes bancaires qui deviennent ensuite les principaux prêteurs communs.

c) Généralisation et équivaleurs

Un prêt monétaire est un contrat de location par lequel l'objet prêté, un capital totalement fongible, a une propriété exclusive recherchée en permanence, la liquidité, et un niveau de valeur qui doit être restitué dans le remboursement. Le principe peut être alors adapté dans des conditions cohérentes aux multiples figures de location d'objets. Elles impliquent fondamentalement leur restitution ou un équivalent fonctionnel et une compensation en valeur monétaire à leur indisponibilité pour le prêteur.

Dans une même période les rapports de valeur des objets A et B déterminés à partir de leur prix courant ou bien à partir des mesures réelles donnent les mêmes résultats, par contre entre deux périodes distinctes le rapport des prix observés et celui des valeurs réelles ne coïncident plus. Les expressions *équivaleur* ou *relation d'équivaleur* utilisées dans la suite présentent un lien quantitatif entre les états de valeur d'objets situés dans la même période ou en des périodes distinctes.

§16 - Taux quantitatif et taux de dévalorisation

Remplacer dans l'équivaleur (1) interprétable sur une phase de n périodes le facteur $v_0(1£^n)$ par son expression (2'') adaptée donne :

(3) $\boxed{v_0(1£) = (1+i).[1+(j_0+j_1)]^{-1}.v_0(1£)}$.

Dans le prêt de 1£ avec remboursement unique le taux d'intérêt i est un <u>taux quantitatif</u> égal à la somme des deux taux de dévalorisation indépendants. Plus généralement l'équivaleur qui associe le prêt d'un capital $m_0£$ à un remboursement unique $m_n£$ prévu en date n s'écrit immédiatement :

$$m_0.v_0(1£) = m_n.v_0(1£^n)$$

et en utilisant (3) :

(4) $\boxed{m_0.v_0(1£) = [m_0.(1+i)].[(1+j')^{-1}.v_0(1£)]}$ avec $i = j' = j_0+j_1$.

Le taux d'intérêt monétaire i est le *taux quantitatif* qui rend égales les valeurs échangées en date 0 dans un contrat de prêt ou bien dans un accord marchand avec paiement unique retardé. Il exprime une compensation en nombre aux deux dévalorisations indépendantes attendues pour 1£, l'une résultant d'un effet-retard stable, variant selon la durée du prêt et l'autre de l'effet-inflation anticipé.

* S'il n'est pas prévu d'inflation alors $j_1 = 0$, la valeur anticipée $v_1(1£)$ est égale à la valeur disponible $v_0(1£)$ et le remboursement nominal se fait avec $i = j_0$:

$$v_0(1£) = (1+i).(1+j_0)^{-1}.v_0(1£).$$

L'effet-retard subsiste toujours dans un prêt donc j_0 n'est jamais nul même à valeur constante de 1£, ce qui entraîne le paiement d'un taux d'intérêt $i_0 = j_0$ qui croît avec la durée et qui compense au minimum la dévalorisation première.

* A partir des relations (4) et (2'') on obtient pour un prêt m_0£ avec remboursement unique m_1£ en date n les deux *formes canoniques* suivantes, l'une *en quantité* et l'autre *en valeur* :

$$m_1 = m_0.(1+i) \quad \text{et} \quad v_0(1£^n) = (1+j')^{-1}.v_0(1£) \quad \text{avec } i = j'$$

* La monnaie ne disparaît pas par l'usage, elle permet et provoque les échanges, elle est la liquidité, une propriété quasi exclusive. On négocie difficilement du blé contre une automobile mais plus simplement et rapidement en passant par des échanges intermédiaires monétisés. La dévalorisation première résulte donc de ce pouvoir de la monnaie : permettre rapidement les transactions, ce que ne peuvent pas faire avec autant d'efficacité tous les autres objets.

* A chaque date 0, à partir des taux d'intérêt des prêts donnés par le marché périodique correspondant pour les différentes durées et en disposant des taux généralement stables de la dévalorisation première, il est possible de déterminer les taux anticipés pour la dévalorisation d'inflation puis de construire les *structures par terme* intermédiaires c'est-à-dire le système cohérent des anticipations de taux en chacune des dates à venir pour les périodes et phases qui les suivent. On peut donc constituer annuellement une *Table des taux* complète incluant la

Table permanente de la dévalorisation première, les taux d'inflation anticipés pour les phases de durée croissante à venir et la structure par terme pour les dates retenues. A partir de ces résultats il devient possible de tracer annuellement et d'exploiter une représentation graphique plane des courbes de taux d'inflation prévus puis par le glissement annuel de la date 0 - une troisième dimension en perspective - d'obtenir une représentation simultanée en nappe juxtaposant les courbes obtenues précédemment[36].

* Dans les conditions retenues ci-dessus, avec la 'Table des taux' précédente on peut impliquer virtuellement un capital quelconque dans des prêts avec remboursement unique selon des phases de durées différentes. Si j_n est ce taux pour une phase de n périodes, une modalité avec un taux d'intérêt annuel $\underline{j}$ solution de $(1+\underline{j})^n = 1+j_n$ assorti d'une capitalisation des intérêts chaque année puis d'un remboursement unique à l'issue des n années donnera le même versement final et par conséquent en date 0 une égalité des valeurs avec le capital initial. Ces formes de prêt à remboursement unique, sans versement intermédiaire, sont appelées zéro-coupon (notées parfois z-c dans la suite). A partir de là, pour un prêt z-c quelconque en date 0 il est possible d'associer immédiatement pour différentes durées le remboursement à même valeur.

VERSEMENT FRACTIONNÉ

Dans le modèle de prêt avec remboursement unique, le taux d'intérêt fixé par le marché périodique a ajusté la diversité des jugements sur la valeur de la monnaie future pour une égalité cohérente en date 0. Le résultat doit être adapté aux cas où le remboursement est fractionné en plusieurs versements, c'est-à-dire réparti à égalité ou non sur plusieurs périodes. Il permettra également de résoudre des problèmes d'efficacité ou de choix

[36] L'inversion de courbure constatée à partir d'une date future, un passage à la convexité, indique que le taux d'inflation anticipé devient négatif et a même annulé la dévalorisation première. Il signale l'anticipation d'un passage à la déflation.

rationnels dans les cas d'alternatives d'investissement ou de financement.

§17 - Taux quantitatif et taux en valeur, taux actuariel

Ce paragraphe rattachera d'abord à l'interprétation par l'équilibre des valeurs échangées, les types d'emprunts présentés à leur émission dans des formes plus commerciales, moins explicites des conditions de valeur. On montrera ensuite la possibilité d'une comparaison par les taux pour plusieurs investissements dont on a établi préalablement les séquences espérées de revenu. Le dernier point évoquera l'interprétation en valeur de l'*efficacité marginale du capital* définie par Keynes à partir d'une relation d'égalité entre quantités monétaires datées différemment.

a) Prêts à taux d'intérêt annuel constant

L'inégalité des sommes qui sont échangées dans un contrat de prêt est justifiée par une égalité de valeurs à la date de l'accord, celle du capital fourni immédiatement et celle de l'ensemble des versements prévus. En chaque date 0 la Table des taux précédente établie dans le cas du remboursement unique pour les durées significatives permet de faire apparaître la valeur réelle des versements futurs.

Une forme souvent utilisée dans le lancement commercial des emprunts par titres négociables indique leur prix nominal, le montant global de l'émission, le remboursement nominal in fine, la maturité n en années et le versement d'un intérêt périodique à taux fixe. Par exemple un emprunt de 10000£ par titre et d'une maturité de trois ans est proposé au taux annuel constant de 3,85%, intérêt versé en fin d'année et remboursement du nominal avec le dernier intérêt à l'échéance. Ces conditions permettent d'écrire immédiatement la relation d'équivaleur qui devrait être vérifiée en date 0 si la proposition est *équitable*, c'est-à-dire conforme aux conditions de valeur du marché connues par la Table des taux, soit :

? $10000.v_0(1£) = 385.v_0(1£^1) + 385.v_0(1£^2) + [385.v_0(1£^3) + 10000.v_0(1£^3)]$?

* Les trois taux de dévalorisation ou *facteurs actuariels* relevés incluent chacun les seules compensations à l'abandon de

liquidité et à l'inflation anticipée. Ils sont indiqués par exemple à 3,85% puis 8% et 12%, respectivement pour 1 an, 2 ans et 3 ans. Cela donne une relation d'équivaleur qui dans cet exemple est vérifiée, elle implique en unités monétaires courantes un versement cumulé sur les trois périodes de 11155£ par :

$$10000 = 385.(1{,}0385)^{-1} + 385.(1{,}08)^{-1} + 10385.(1{,}12)^{-1}.$$

* Avec le même capital, la modalité d'emprunt zéro-coupon pour trois ans devrait conduire selon le taux correspondant pour la phase de trois périodes à une égalité des valeurs dans un remboursement unique de 10000.(1,12) = 11200£ associé à l'équivaleur correspondante :

$$10000.v_0(1£) = 11200.[(1{,}12)^{-1}.v_0(1£)].$$

Le contrat d'émission, équitable en modalité z-c, prévoit que le prêteur encaissera à l'issue des trois années 11200£ dont 1200£ apporteront une valeur qui compense :
- d'une part l'abandon pendant trois ans de la disponibilité de 10000£ ou la substitution d'une monnaie contrainte à la monnaie prêtée, c'est la composante de dévalorisation première,
- d'autre part la dévalorisation d'inflation anticipée pour les 10000£ lorsqu'il les récupèrera.

b) Taux actuariel en valeur

Le *taux actuariel en valeur* t est un taux d'intérêt annuel quantitatif, virtuel, donc également un taux de dévalorisation annuel fixe, qui permet de scénariser en prêt un ensemble formé d'une somme A considérée comme le capital et des sommes A_1, A_2, A_3 (avec $A<A_1+A_2+A_3$) traitées en annuités de versement incluant intérêt et remboursement partiel du nominal A. Une interprétation qui correspond pareillement aux cas de paiement avec un fractionnement quelconque des versements ou encore les cas de revenus irréguliers attendus d'un investissement ou d'un placement.

Après avoir défini en date 0 le capital A£ et les trois annuités successives du remboursement A_1£, A_2£, A_3£, on formate comme ci-dessus la relation aux conditions de marché données par la même Table des taux. Elles permettent de poser à nouveau une relation d'équivaleur :

$$?\quad A.v_0(1£) = A_1.[(1{,}0385)^{-1}v_0(1£)]+A_2.[(1{,}08)^{-1}.v_0(1£)]+A_3.[(1{,}12)^{-1}.v_0(1£)]\quad ?$$

Dans le cas où elle n'est pas vérifiée avec les taux répertoriés, pour retrouver une équivaleur valide on scénarise différemment en considérant que A_1£, A_2£, A_3£ sont les remboursements associés selon le *taux actuariel en valeur* t, annuel et constant. Le *coefficient actuariel* est l'expression correspondante $(1+t)^{-1}$ et l'équivaleur précédente est remplacée par :

$$A.v_0(1£^0) = A_1.[(1+t)^{-1}.v_0(1£^0)]+A_2.[(1+t)^{-2}.v_0(1£^0)]+A_3.[(1+t)^3.v_0(1£^0)]$$

où t apparaît comme une solution de :

$$A = A_1.(1+t)^{-1}+ A_2.(1+t)^{-2}+A_3.(1+t)^{-3}.$$

On a ainsi déterminé un lissage annuel régulier pour reconstituer une équivaleur cohérente. Le procédé définit le taux actuariel t comme taux de dévalorisation annuel constant, donc aussi comme un taux d'intérêt quantitatif, pour constituer entre A et [A_1, A_2, A_3] une égalité de valeur en date 0. Il implique en retour une précision car le "remboursement du capital" dans cette figure n'est pas renvoyé à l'échéance mais réparti irrégulièrement sur la durée du remboursement ce qui détermine en chaque période un *encours de capital* subsistant[37]. Les annuités A_i étant quelconques, l'interprétation sépare dans chacune un intérêt résultant de l'application du taux t à l'encours de capital reçu de la période précédente d'une autre partie parfois nulle consistant en remboursement du même capital. La part de l'intérêt d'une année qui ne serait pas versée s'ajoute à l'encours pour la période suivante. Lorsque différents emplois sont envisagés où chacun donne des séquences différentes et une maturité commune, la méthode permet de les comparer entre eux par leur propre taux actuariel qui assure les égalités de valeur en date 0 avec ce capital.

En reprenant l'exemple du *a)* - avec A = 10000£ et A_1 = 1500£, A_2 = 6000£, A_3 = 3000£ - dans un scénario de prêt on compare d'abord les deux membres de l'équivaleur correspondante avec j'_1= 3,85%, j'_2 = 8% et j'_3 = 12% lus dans la *Table des taux*. On constate que l'équivaleur n'est pas vérifiée. On en forme une nouvelle en utilisant le taux actuariel en valeur *t*, soit :

---

37 On ne passe pas par exemple du taux j_3 d'une phase de trois ans à un lissage annuel par $t_1 = (j_3)^{-1}$ mais par $(1+j_3)^{-1} = (1+t)^{-3}$ qui apporte bien des difficultés aux calculs financiers.

$10000.v_0(1£) = 1500.(1+t)^{-1}.v_0(1£) + 6000.(1+t)^{-2}.v_0(1£) + 3000.(1+t)^{-3}.v_0(1£)$.

Elle conduit à la forme algébrique simple :

$$10000 = 1500.(1+t)^{-1} + 6000.(1+t)^{-2} + 3000.(1+t)^{-3},$$

dont la solution acceptable selon l'interprétation est : t = 2,31%.

Le prêt est conforme à l'interprétation présentée dans le cas d'annuités irrégulières. Chacune d'elles est constituée d'un intérêt sur l'encours de capital, avec en cas d'excédent une restitution partielle et en cas d'insuffisance l'ajout correspondant à l'encours de capital :

1ère annuité : 1500£ par 231£ d'intérêt et 1269£ de remboursement - encours : 8731£.

2ème annuité : 6000£ par 201£ d'intérêt et 5799£ de remboursement - encours : 2932£.

3ème annuité : 3000£ par 68£ d'intérêt et 2932£ de remboursement.

c) Diversité et simultanéité des taux

Le marché des prêts étant de type périodique, pour les mêmes montants empruntés il existe en chaque date courante des taux différents pour des prêts conclus antérieurement selon les anticipations qui avaient cours, ce qui entraîne des versements d'intérêt distincts. A partir de ce constat chaque contractant va rechercher des méthodes qui permettent de substituer un taux récent plus favorable par des procédés qui ne sont plus ceux des marchés périodiques, c'est-à-dire qui ne passent pas par l'égalité des valeurs échangées[38].

§18 - Efficacité marginale du capital ou emc

Le taux actuariel est un taux quantitatif annuel qui dans l'interprétation en valeur devient un taux de dévalorisation annualisé qui rend égales en date 0 la valeur du capital prêté ou investi et celle des annuités de remboursement ou des revenus. Il correspond à l'*efficacité marginale du capital*[39] ou *emc* que

---

[38] Ce qui est particulièrement important pour toutes les organismes qui, comme les banques, empruntent aux conditions des prêts de court-terme pour prêter à celles de long-terme où le spectre des risques est plus large.

[39] Le déterminant principal de la demande effective côté entreprise.

Keynes définit ainsi : "l'efficacité marginale du capital.. est le taux d'escompte [annuel] appliqué à la série d'annuités constituée par les rendements escomptés de ce capital pendant son existence entière qui rend la valeur actuelle des annuités égale au prix d'offre de ce capital... l'efficacité marginale du capital est définie en fonction de la prévision de rendement d'un capital et de son prix d'offre courant" (TG - pge151).

Cet instrument exprime une liaison entre quantités datées différemment et permet à Keynes de comparer à travers le temps des valeurs qu'il ne peut mesurer directement. Il ajoute ensuite qu'il y aura efficacité réelle d'une opération d'investissement en date 0 - c'est-à-dire une création nette de valeur - si l'emc qui est également le taux de dévalorisation annuel implicite pour les revenus attendus, c'est-à-dire le taux actuariel en valeur, est supérieur à celui de la monnaie elle-même, le taux d'intérêt du marché des prêts sur lequel on peut emprunter ce capital pour la même durée. Il y aura même une croissance économique générale, complète-t-il, analogue à un accroissement de valeur pour toutes les activités, si l'emc est dans toutes les productions supérieure au taux d'intérêt de la monnaie, ce qui est évident, mais concrètement les inégalités des taux sectoriels entraînent une instabilité par les déplacements des capitaux et une seule exception risque de bloquer pour des raisons techniques tout le processus[40].

Ainsi dans une économie qui chercherait à augmenter l'utilité sociale, l'approche en valeur montre qu'il faut accroître l'activité de production réelle mais d'abord les échanges, ce qui exige que l'emc ou le taux actuariel sur les productions liées directement ou indirectement au panier d'existence soit supérieur au taux d'intérêt de la monnaie du financement.

Les diverses modalités de prêt rentrent dans une organisation globale des échanges en marchés périodiques distincts,

[40] "Le taux d'intérêt de la monnaie semble jouer dans la limitation du volume d'emploi un rôle particulier puisqu'il fixe un seuil que l'efficacité marginale d'un type de capital est obligée d'atteindre.. pour une production nouvelle" Keynes J.M., *Théorie générale..*, Ed. Payot, Paris,1966, p. 238.

communicants, réglementés, où la valeur unique de toute unité de monnaie est déterminée au marché principal. L'égalité des valeurs au marché des prêts est établie à partir d'anticipations qu'on a réduites dans cette présentation à un taux d'inflation mais d'autres raisons du mouvement interviennent auxquelles s'ajoute la confrontation perpétuelle des prévisions et d'une réalité constatée ensuite, ce qui provoque des formes nouvelles de protection, de développement et d'accord. Dans le chapitre suivant on va d'abord prolonger ce qui vient d'être présenté par un élargissement de l'analyse des taux et préciser ensuite le contenu d'échanges particuliers qui relèvent du même schéma périodique.

CHAPITRE IV :

ÉLARGISSEMENTS DES MODALITÉS DE PRÊT

Le chapitre III a traité principalement du taux d'intérêt pour les prêts et pour les paiements retardés selon les deux modalités de remboursement : unique ou fractionné. Ce taux qui doit assurer l'égalité des valeurs échangées à la date de l'accord a une double interprétation, il est un taux quantitatif majorant en nombre la restitution du montant initial prêté, mais il est aussi un taux de dévalorisation à deux composantes indépendantes affectant la monnaie future impliquée dans les accords d'échange. La première correspond à une compensation de l'illiquidité provisoire de la monnaie contrainte "reçue" par le prêteur et l'autre à l'inflation anticipée.

L'élargissement du cadre des prêts tout en restant dans le deuxième niveau du modèle ajoute d'autres facteurs de dévalorisation à la monnaie du remboursement futur. Ils apportent de nouvelles composantes au taux d'intérêt en conservant toujours l'égalité des valeurs dans l'accord de prêt daté 0. On présentera ensuite les cas d'échanges qui ne s'ajustent pas strictement sur les formes générales introduites jusqu'ici, marchés des marchandises, du travail, des prêts et marché financier. Il s'agira de transactions impliquant des évènements possibles avec distribution des probabilités, évènements qui affectent directement le flux des versements et leur valeur. Elles constitueront une transition à un troisième niveau de modélisation présenté au chapitre suivant dans lequel l'échange de l'élément principal pourra être lui-même retardé.

NOUVELLES COMPOSANTES DES TAUX, LES ALÉAS

Des particularités nouvelles ajoutent des *aléas* aux effet-retard et effet-inflation fondamentaux qui affectent la valeur immédiate de la monnaie future à recevoir ou celle de la monnaie contrainte. En premier lieu le *risque de contrepartie* ou *risque de crédit* portant sur les versements prévus, une contrainte supplémentaire touchant la monnaie du quasi-paiement par l'ajournement, la réduction ou l'annulation des remboursements prévus. Ensuite l'*incertain*, une appellation large regroupant de multiples éléments envisageables comme une fiscalité changeante, ou des évènements ayant une probabilisation difficile comme les incidents collatéraux, les turbulences géopolitiques, les évènements climatiques, les réglementations défavorables ou d'autres plus rares mais aux effets éventuels dévastateurs...

A la différence de la dévalorisation première ou de l'inflation anticipée, composantes basiques des prêts, qui déterminent une dégradation appliquée à la valeur de 1£ disponible et qui sont lisibles clairement dans des compartiments du marché, les aléas ajoutent des corrections pour des *ajustements d'équité*, des primes de risque. Elles concernent les unes les situations personnelles des débiteurs, les autres des incidents collatéraux ou des situations envisageables dans l'environnement économique. Ces particularités ajoutent leurs effets aux précédents en contraignant davantage la monnaie du quasi-paiement ou en augmentant la dévalorisation de la monnaie future, ce qui accroît le taux d'intérêt de compensation en donnant les "spread" de taux. Si retenir ces composantes exprime un ajustement d'équité dans les accords de prêt cela ne constitue jamais une couverture de risque, pour cela il faut d'autres dispositifs, des garanties réelles ou bien des accords dérivés. Avant que beaucoup de titres de dettes souveraines ne soient atteints par des doutes sur leur remboursement il était admis qu'ils présentaient la plus grande sécurité et leurs taux ne comportaient aucune composante en prime de risque, ce qui n'est plus le cas puisqu'elle peut au contraire en constituer la composante principale.

La nouvelle construction part de la modélisation précédente où à la date 0 du prêt, d'une part la valeur du capital est déterminée absolument à partir de celle de 1£ au marché principal et d'autre part le taux d'intérêt est constitué du taux de dévalorisation première et du taux d'inflation anticipé. Les nouvelles composantes autonomes constituant la prime de risque correspondant aux aléas interviennent, elles s'ajoutent dans les mêmes conditions aux précédentes en exprimant une dévalorisation supplémentaire. Dans tous les cas on considère que c'est au marché des prêts que se détermine l'égalité des valeurs échangées au moyen de taux d'intérêt résultant des effets associés du délai du remboursement, de l'inflation anticipée, du risque de contrepartie, de l'incertain. La prise en compte de tous ou de certains de ces éléments pour les remboursements et les paiements retardés différencie les classes de taux et détermine les compartiments du marché.

§19 - Compartiments du marché, composantes d'équité

Consentir un prêt ou accepter qu'un paiement soit retardé entraîne le premier aléa, le risque de non remboursement. L'accord correspondant doit donc considérer en plus des effets de retard et d'inflation la possibilité d'une défaillance totale ou partielle estimée en probabilité. Une première réponse consiste en l'offre de garanties réelles ou en la substitution automatique d'un autre débiteur plus fiable. Si elle n'est pas envisagée il y a une correction du taux d'intérêt à introduire dans les figures de prêt conformément à une règle établie depuis le dix-septième siècle selon laquelle l'espérance mathématique est l'instrument ajouté qui détermine un échange *équitable* quand la probabilité des événements déterminants est établie.

Comme dans un jeu de dé simple, en chaque période c'est le prêteur-banquier qui doit payer en fait si l'événement 'non-remboursement' se produit, le débiteur étant le joueur sa mise périodique pour chaque 1£ de dette est égale à son espérance mathématique de 'gain', elle correspond dans cette figure à sa propre probabilité de défaillance. La 'mise' annuelle correspondante pour chaque 1£ du prêt s'ajoute au taux d'intérêt précédent, elle constitue la composante pour le 'gain' envisagé, une prime de risque ou composante d'équité reçue par le prêteur. Cependant si l'équité établie la défaillance se produit, la condition nécessaire de situations équilibrées devant l'incertitude reconnue, ne garantit jamais que la composante ajoutée au taux d'intérêt en annule les effets. Les prêteurs peuvent alors chercher à supprimer totalement ou partiellement le seul risque de défaillance en le transmettant à un tiers dans un accord inversé, une opération séparée de couverture du risque qui n'est plus déterminée par des échanges à égalité de valeur mais par des procédés qui apparaîtront plus loin.

La dernière composante de taux, l'*incertain*, est formée à partir d'évènements de différents types, aux probabilités non établies mais aux effets analogues et parfois bien supérieurs à celui du risque de crédit. Il existe généralement une adhésion commune réalisée par le marché avec une estimation de probabilité qui permet un traitement semblable c'est-à-dire qui ajoute un risque résiduel, une quatrième composante conventionnelle au taux d'intérêt.

ÉCHANGES DÉPENDANT D'ÉVÈNEMENTS ALÉATOIRES

Les contrats des marchés périodiques présentés pour les deux premiers niveaux ont un caractère commun, l'élément principal : marchandise, capital, titre... est déterminé, transmis aussitôt tandis que la contrepartie monétaire, paiement ou remboursement, peut être immédiate ou bien retardée et fractionnée. On va évoquer trois variantes qui nécessitent une adaptation non contradictoire des règles de valorisation. La première a été présentée, il s'agit du marché du travail où la rémunération est versée avant la prestation, une obligation d'ordre qui répond à la critique de Ricardo à Adam Smith rappelée dans l'Introduction. La deuxième résulte d'une *adaptation pragmatique singulière* où l'accord du marché périodique de premier niveau prévoit bien l'égalité de valeur en date 0 mais il permet exceptionnellement que l'exécution en soit différée c'est-à-dire que l'échange réciproque effectif soit retardé. La troisième variante concerne un autre type d'objet échangé, l'élément principal est l'engagement d'une partie de fournir à l'autre un service d'assistance continu d'une durée déterminée comprenant des prestations conditionnées par des événements aléatoires affectant un bien appartenant à l'autre partie. L'activation du service peut être une assistance active continue ou être réduite à un versement, ce qui est le cas de contrats d'assurance.

En date 0, le service incombe à l'assureur qui s'engage sur une durée déterminée à verser une réparation à l'autre partie, un dédommagement qui varie selon les niveaux de sinistre du matériel assuré. Ces niveaux et les prestations conditionnelles correspondantes sont définis dans le contrat alors que la partie qui achète le service effectue un paiement immédiat, la *prime*. Il y aura dans ce cas un échange équitable en date 0, compatible avec l'égalité de valeur, lorsque le cœur de la prime est égal à l'espérance mathématique d'indemnisation, c'est-à-dire à la somme des produits de la probabilité de chaque modalité de sinistre retenue par la compensation correspondante. Dans la figure simple associant un assuré à un assureur pour un seul type de sinistre, en fin de contrat le premier aura réglé un coût fixe, la prime, et l'assureur vendeur de l'élément principal aura éprouvé soit un gain net, le montant de la prime reçue, soit un gain réduit ou une perte plus ou moins importante égaux à la différence entre prime reçue et indemnité versée. Pour faire face à l'obligation la plus onéreuse dans les cas de répétition de sinistres coûteux l'assureur devrait être lui-même assuré pour le risque le plus important dans des conditions analogues et ainsi de suite. D'où une correction d'abord par les grands nombres en regroupant les assurés pour un seul assureur ce qui entraîne une multiplication des cas de sinistralité mais avec des probabilités réduites pour le paiement maximal[41].

TAUX DIRECTEURS ET DÉVALORISATION PREMIÈRE

Une affirmation fréquemment entendue avance que lorsque le taux d'intérêt diminue les prix ne tardent pas à augmenter. Elle semble être en contradiction avec l'analyse présentée ici pour laquelle en approche simple et toutes choses égales par ailleurs, une réduction du taux d'intérêt va d'abord avec l'anticipation d'une baisse du taux d'inflation qui en est une des deux

[41] Par le théorème de Bayes, avec deux assurés dont les sinistres les plus coûteux sont A pour l'un et B pour l'autre on vérifie que la probabilité du sinistre maximal est réduite : pr(A et B) = pr(A).pr(B si A) et pr(A et B) = pr(B).pr(A si B) qui établit que pr(A et B) < pr(A) et pr(A et B) < pr(B). Il y a aussi une réassurance partielle des assureurs au-delà d'un niveau d'indemnisations cumulées.

composantes basiques. Mais dans le cadre proposé quelques scénarios la justifient dans des conditions particulières. Pour l'affirmation il y a un enchaînement logique simple : une baisse des taux entraîne un accroissement des emprunts puis des dépenses et avec elles une augmentation des prix à ceci près qu'il peut y avoir des facteurs déflationnistes, que le processus n'est pas immédiat, que les nouveaux emprunts peuvent être utilisés au désendettement ou mis en attente…

Considérons le cas où il y a un niveau d'énergie économique insuffisant, une Banque Centrale conformément à ses missions et pour relancer les échanges peut réduire son principal taux directeur qui pour elle est analogue à un coût de liquidité de la monnaie fiduciaire créée et prêtée. Les banques commerciales qui pourraient se financer à des conditions moins favorables sur le marché des prêts peuvent emprunter à ce taux directeur et ensuite prêter à leurs clients à la condition d'équilibre du marché où chaque taux est composé du coût de la liquidité courante plus le taux d'inflation anticipé et d'éventuels éléments d'aléa. La concurrence les conduit à réduire dans le taux offert la composante normale de dévalorisation première tout en la laissant supérieure au taux directeur de leur emprunt à la Banque Centrale. L'opération a pour effet immédiat une baisse des conditions de taux pour les prêts de marché et les emprunteurs peuvent alors satisfaire plus facilement leur désir de monnaie pour la diversité des emplois possibles. Mais avec la facilitation du crédit l'état du degré de confiance peut être atteint et la survaleur de la monnaie au marché peut être progressivement réduite si l'offre commerciale n'a pas suivi au même rythme.

Le chapitre a élargi les conditions d'échange du marché des prêts en ajoutant les dimensions intérieures du risque de crédit et de l'incertain. Il a montré également que le formatage particulier du contrat dans le cas où l'élément principal est un service à activations aléatoires est toujours conforme - à l'exception unique du marché du travail - aux principes retenus : cet élément est échangé en date 0 et la contrepartie monétaire doit être versée immédiatement ou retardée ou fractionnée mais toujours sous la condition d'égalité des deux valeurs d'échange et de leur cohérence dans le système des marchés. Dans le chapitre suivant l'obligation de l'échange immédiat pour l'élément principal disparaîtra, ce qui libérera des formes de transaction nouvelles certaines plus contraignantes, d'autres moins, mais cependant toutes liées au système des marchés périodiques jusqu'ici régulateur absolu des valeurs. Ces modifications conduiront à plus de mouvement, de déséquilibres et d'instabilité.

CHAPITRE V :

LES MARCHÉS À TERME FERME

Les *marchés à terme ferme* appartiennent au système cohérent des marchés périodiques simultanés, ils en constituent les organes caractéristiques du *troisième niveau*. Ils déterminent en date 0 des contrats avec échanges réciproques à effectuer obligatoirement à une date future aux conditions du marché actuel. Les prix sont réglés sur l'égalité des valeurs anticipées de l'objet et de la monnaie correspondante ; ils sont représentés par des équivaleurs de la forme :

$$\boxed{v_n(1A) = p_n . v_n(1£)}.$$

Jusqu'ici, à l'exception du travail et de l'adaptation pragmatique[42], dans tout contrat l'élément principal devait être transmis ou mis en œuvre immédiatement, le versement des contreparties monétaires pouvait par contre être effectué sans délai ou bien être différé ou encore fractionné. A ce troisième niveau de marché périodique, en date 0 les échanges d'objet contre paiement devront être effectués simultanément et strictement à la date future choisie, le *terme* ou *échéance*. Les *marchés à terme ferme,* en imposant les conditions d'échange à des dates futures, ont pour but de neutraliser les écarts attendus entre les prévisions et les états constatés pour les valeurs ou au contraire de les exploiter selon des anticipations divergentes propres aux contractants.

§20 - Marchés à terme ferme et taux d'intérêt par terme

La coïncidence des dates des marchés périodiques courants et d'échéance des contrats à terme ferme permet aux échangeurs qui ont des avis divergents sur les valeurs futures de s'engager à découvert, de spéculer avec ces accords qui comportent un risque de prix futur. D'autre part puisqu'il existe à la date 0 un rapport déterminé entre la valeur observée et la valeur anticipée

---

[42] v. Chap IV, p.75.

des objets négociés, de façon semblable à ce qui est fait avec la monnaie dans les prêts il devient possible de définir - comme l'a fait Keynes - un taux d'intérêt en valeur pour tout objet disponible et échangeable à terme ferme[43].

a) Marché à terme ferme

Les accords des marchés à terme ferme sont réglés en chaque session périodique pour chacune des n dates significatives suivantes et pour chaque type d'objet retenu mais puisqu'il ne s'agit pas d'un prêt la valeur anticipée de la monnaie pour le paiement ne supporte que la dévalorisation d'inflation. Le prix à terme ferme en date 0 résulte d'une estimation commune, caractéristique des marchés périodiques, des valeurs anticipées de l'objet et d'une monnaie qui ne subirait que l'inflation.

Pour tous les types d'objet, en chaque fin de période courante il y aura une multitude de contrats à terme ferme conclus précédemment à différents prix qui arrivent simultanément à échéance et on connaîtra en même temps le prix du marché périodique. Cette incohérence apparente résulte des écarts entre les différentes prévisions successives corrigées annuellement. L'échéance commune d'accords à terme ferme conclus à des dates antérieures distinctes et d'un marché périodique de premier niveau apporte des possibilités spéculatives[44], les parties contractantes du marché à terme ayant la possibilité de se procurer les éléments, objets et monnaie, aux marchés périodiques des dates intermédiaires ou à celui du terme.

b) Taux d'intérêt par terme ou *tit*

Le *taux d'intérêt par terme* ou *tit*, noté ici k, résulte d'une adaptation à un objet négociable A de la relation[45] en valeur (1) du chapitre III qui exprimait le taux d'intérêt de la monnaie.

---

[43] v. Chap II, p.50.

[44] Aux effets qui peuvent être dévastateurs comme ce fut le cas avec la tulipomania en 1637.

[45] v. Chap III, p.57.

Pour une période on aura une définition du tit de A par l'équivalent :

(1') $\boxed{v_0(1A) = (1+k).v_0(1A^1)}$.

A la même date 0, deux marchés du système périodique, l'un marché principal, l'autre marché à terme ferme utilisent, le premier les valeurs courantes de A et de 1£, le second les valeurs anticipées. Ils donnent respectivement les deux relations :

$$v_0(1A) = p_0.v_0(1£) \qquad \text{et} \qquad v_1(1A) = p_1.v_1(1£).$$

Pour construire l'équivalent (1') il faut disposer de $v_0(1A^1)$ - valeur immédiate de 1A pour une livraison retardée d'une période - donc différente de la valeur anticipée $v_1(1A)$. Les deux marchés font connaître les prix de A : p_0£ pour paiement immédiat et p_1£ pour paiement au terme avec une valeur anticipée de 1£ qui résulte de la seule modification par l'effet d'inflation prévu puisqu'il ne s'agit pas d'un prêt. Pour obtenir $v_0(1£^1)$ - valeur d'échange en date 0 de 1£ payé effectivement en date 1 - il y a lieu de corriger sa valeur anticipée disponible future par la seule dévalorisation d'inflation j_1 sans considérer la dévalorisation première j_0 qui est une caractéristique des prêts. Ce qui donne l'expression :

$$v_0(1A^1) = p_1.[(1+j_1)^{-1}.v_0(1£)].$$

Le système des équivalents permet alors de définir k, le *taux d'intérêt par terme* ou *tit* de l'objet A. Il est donné par l'expression :

$$\boxed{k = (p_0/p_1).(1+j_1) - 1}$$

Ainsi en date 0, une somme quelconque considérée dans une date ultérieure n peut être interprétée soit dans un contrat à terme ferme comme étant le montant convenu du paiement futur, soit comme dans le chapitre III en tant que remboursement d'un prêt ou en paiement retardé d'un achat. Le taux d'intérêt par terme, taux d'anticipation est propre à chaque type d'objet du marché à terme ferme, il est différent par la composante éliminée j_0 du taux d'intérêt spécifique, le *tis* de Keynes évoqué plus loin.

§21 - Limites des marchés périodiques et insatisfactions

a) Une représentation graphique simplifiée

Dans les conditions retenues, le système des transactions formé par l'ensemble lié des marchés périodiques détermine à l'équilibre un niveau maximal des échanges en valeur. Toute variation forcée d'un prix depuis cet état induit des modifications qui entraînent l'accroissement des transactions pour certains objets et une réduction pour d'autres.

figure 4 : Le segment AB ou ab en projection, joignant les intersections des courbes d'Offre et de Demande indique la quantité négociée au prix d'équilibre p_0.

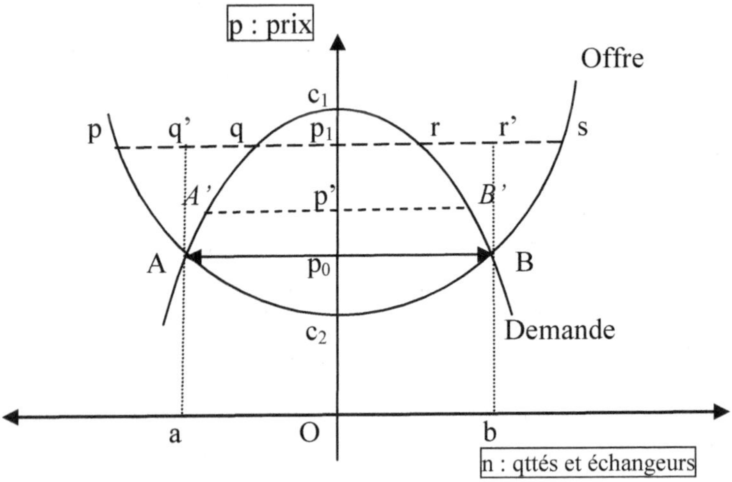

La modification de l'état d'une fonction individuelle a de même un potentiel pour affecter les fonctions agrégées et à travers elles les équilibres correspondants. Quel que soit un compartiment de marché périodique la **figure 4** est pour un type d'objet une représentation simplifiée et adaptée des courbes globales d'offre et de demande conventionnelles. Elle introduit une <u>individualisation des objets et des participants</u>. Le tracé de la courbe d'offre est l'enveloppe convexe du système des segments horizontaux correspondant aux offres à un même prix, système centré sur l'axe vertical. Chaque segment, par exemple ps, donne la quantité offerte globalement au prix p_1 et il est possible de choisir une longueur unitaire minimale qui représente à ce niveau l'offre d'un seul objet. On peut ensuite considérer que tous les objets sont regroupés selon les offreurs puis répartis symétriquement par rapport à l'axe des prix et que les offreurs eux-mêmes sont ordonnés au plus près de l'axe vertical selon leur résistance à une baisse du prix. Ainsi aux extrémités p et s on trouve le même individu qui possède les deux ultimes unités offertes et qui les retirera avant tous les autres dès que le prix p_1 baissera. En se rapprochant de l'axe on trouve au contraire les offreurs qui supporteront de plus en plus aisément les baisses de prix successives jusqu'au dernier offreur de la dernière unité au prix c_2. Il en est de même dans un raisonnement inversé pour les demandeurs jusqu'au dernier d'entre eux qui annulera son ultime requête lorsque le prix dépassera c_1.

Avec ce dispositif tous les points situés à l'intérieur de la courbe d'offre sur une parallèle à l'axe vertical des prix correspondent à la même personne et à la même unité offerte, il en est de même symétriquement pour la courbe de demande. Une baisse du prix dans la phase de négociation, par exemple de p_1 à p_0, entraîne que les objets et offreurs représentés par pq' et r's sont éliminés alors que ceux du segment AB étaient présents dans tous les sous-segments q'r' pour les prix supérieurs. De la même façon une hausse de prix élimine symétriquement les demandeurs situés aux extrémités des segments de la courbe de Demande.

b) Insatisfactions et corrections individuelles

Dans la modélisation adoptée l'équilibre d'un marché particulier s'inscrit dans l'équilibre général du système des marchés périodiques. Il est atteint dans la **figure 4** au prix p_0 pour un volume échangé correspondant au segment AB c'est-à-dire exactement à ce qui est offert et demandé à ce niveau. Néanmoins ce régime d'échange par l'intermédiation des marchés périodiques avec unicité de valeur pour les mêmes objets provoque des insatisfactions et introduit des opportunités pour des accords personnalisés. Il a inspiré des *contrats singuliers* selon des règles différentes, avec personnalisation de chaque accord face au schéma du système d'échanges périodiques qui a été retenu jusqu'ici.

Sur la **figure 4** les ententes possibles avec prix unique correspondent à tous les segments A'B' inscrits à l'intérieur du périmètre curviligne convexe Ac_1Bc_2, intersection des deux surfaces limitées par les courbes d'offre et de demande. Le segment d'équilibre AB est le plus long et détermine la plus grande quantité échangée au prix unique p_0. On observe cependant qu'à cet équilibre des demandeurs sont disposés à payer plus, jusqu'à c_1 pour le plus déterminé, et que des offreurs sont prêts à baisser leur prix jusqu'à c_2 pour le moins exigeant. Les personnes sont des unités de jugement et d'anticipation qui expriment des désirs et préférences qui leur sont propres. Toutes n'accepteront pas spontanément le prix fusionnel unique p_0 et beaucoup d'entre elles insatisfaites du prix d'équilibre chercheront des contrats singuliers, "*forward*", hors du marché périodique. Dans le périmètre curviligne et pour la même quantité totale échangée AB il existe une multiplicité de couplages possibles pour les échangeurs avec une diversité de prix entre c_1 et c_2, par exemple entre un demandeur pris sur l'arc au dessus de AB et un offreur pris sur l'arc au-dessous. Il s'agit dans ces cas d'accords compatibles avec les équilibres du système périodique mais selon des prix individualisés plus avantageux que p_0 pour une partie, moins pour l'autre.

L'existence de prix autonomes peut être aussi fondée sur des particularités du produit[46] qui ne sont pas retenues par le marché périodique ou bien elle peut rentrer dans des contrats d'échange singuliers, répétés, pour créer des fidélisations réciproques dans le but de figer un niveau permanent de qualité, de prix, ou pour obtenir la certitude d'une priorité d'échange dans le cas d'une diminution critique de la production. Il y a un écart d'un autre

[46] Les marchés agricoles au cadran ont en particulier pour but de segmenter des offres fusionnées avec prix unique en différenciant les produits pour mieux apparier les offres et les demandes, par exemple sur une même caractéristique ou sur un même niveau de qualité. Ils déterminent des échanges hors du segment AB mais en restant dans le périmètre curviligne.

genre, une conséquence provoquée progressivement par l'uniformisation même du prix qui certes renforce la liquidité de marché, maintient une cohésion générale par les valeurs, mais peut inciter à une élimination de singularités caractéristiques dans les objets proposés. Les marchés périodiques peuvent ainsi apporter une incitation permanente à la standardisation et à la réduction du niveau de qualité par une élimination de propriétés devenant progressivement secondaires. A terme cela provoque d'autres insatisfactions qui peuvent déplacer une partie de la demande d'un marché à l'autre, un mouvement qui peut être contrôlé par des définitions plus fines des compartiments de marché ce qui peut à son tour rendre plus difficile la cohérence globale du système des échanges.

La première partie a évoqué la valeur économique comme catégorie fondamentale, une expression particulière de l'énergie sociale ; une grandeur attribuée aux objets échangeables souvent mal mesurée par une autre grandeur associée, relative mais très lisible, le prix. Les survaleurs qui n'apparaissent pas dans les prix apportent un degré de compréhension qui a été perçu sous différentes formes par des théories historiques. Certaines ont fait l'objet d'une présentation qui a rappelé que toute survaleur résulte d'une harmonisation des désirs individuels croisés, réalisée par le système des marchés périodiques.

Ce dernier actualise en les corrigeant par la valeur d'échange aussi bien une valeur attribuée antérieurement que la valeur-coût de production d'un objet nouveau ou encore que celle de la monnaie de paiement. De plus il est toujours possible de passer à une mesure absolue dès qu'une unité permanente réelle est définie. Cette organisation des échanges possède les vertus d'un équilibre fusionnel que d'autres ne peuvent atteindre, pour autant elle n'est pas sans défaut et elle n'épuise pas toutes les formes de transaction qui peuvent relever d'une logique plus forcée où les désirs s'opposent et s'imposent plus qu'ils ne s'équilibrent. Si tous les échanges étaient réglés exclusivement par cette organisation qui accroît la satisfaction globale en apportant toujours une solution cohérente pour des équilibres de valeurs, cela n'éliminerait pas pour autant les insatisfactions, les déceptions, les refus... car tous les échangeurs n'adhèrent pas spontanément à un ordre des valeurs, unique et imposé.

Les conditions d'équilibre des marchés périodiques avec les contraintes et les dangers d'un environnement changeant jamais anticipé exactement poussent certains à effectuer des opérations qui ne sont plus des échanges, à acheter des sécurisations de la valeur possédée ou à créer de nouvelles formes de captation alors qu'ils ne sont pas impliqués directement dans les processus d'échange, seuls créateurs de valeur.

TROISIEME PARTIE :

DE NOUVEAUX DISPOSITIFS

CHAPITRE VI :

D'AUTRES FORMES D'ACCORD

Puisque la valeur est à la fois énergie économique et une expression socialisée des désirs vivants, les personnes vont chercher à en accroître leur possession et à ancrer leurs moyens de création et de captation. D'autre part puisque la fixation unifiée des valeurs par le système des marchés périodiques impose ses résultats instables, les uns chercheront à s'en défaire ou à les contourner, d'autres à les exploiter ou à se protéger de conditions futures défavorables, mal anticipées, en créant des protections, les *accords dérivés*.

Dans la dernière partie du XXème siècle les bouleversements apportés par le séisme technologique ont modifié profondément les conditions de la création et de la stabilité des valeurs. Des possibilités nouvelles ont poussé à une recomposition plus libérale des transactions qui a provoqué le développement des procédures financières d'accompagnement et de leur turbulence propre. Pour en contenir les excès, des dispositions plus internationalisées qui visaient particulièrement l'information économique et financière ont instauré des règles qui n'ont pas toujours conduit aux effets attendus.

§22 – Biais de valeur, difficultés et protections

Le texte a repris la définition de la valeur économique d'après l'orientation des Lumières selon laquelle chacun a des préférences personnelles et attribue aux objets des niveaux de valeur qui manifestent ses propres désirs. Des positions unifiées ensuite par le système des marchés qui attribue aux objets une *valeur sociale*, valeur d'échange datée, pour réaliser globalement une satisfaction supérieure. Il peut exister d'autres réponses au problème des échanges mais elles ne passent pas par cette voie, une expression commune à partir des contributions apportées et des préférences exprimées, mais une expression qui ne peut satisfaire tous les individus et dont la validité est datée. Elle présente ainsi des limites qui ont appelé des procédures associées de protection pour les uns, de captation pour d'autres.

a) Défauts et insuffisances, désaccords et accords dérivés

Avec le système des marchés périodiques certains acteurs ont des exigences personnelles fortes qui ne sont pas satisfaites par le caractère trop intégré de prix uniques déterminés par un vaste système d'échanges sur lequel pèsent dans son fonctionnement et en tous les points des faits étrangers et les désirs d'individus qui ne sont pas directement concernés[47]. Ainsi un offreur et un acheteur qui ont chacun des prévisions personnelles divergentes et désavantageuses du prix unique du marché, peuvent s'entendre entre eux sur un prix intermédiaire et une livraison à la date qui leur convient, il s'agit alors d'un *contrat forward à terme ferme*. L'adoption de cet arrangement fondé sur des anticipations opposées est par sa nature peu favorable à l'accroissement de la production et de la valeur. Son développement entraînerait des effets restrictifs par la fragmentation des marchés existants, en créant une multiplicité de prix pour un même objet, ce qui ne manquerait pas de provoquer ensuite une rupture sociale par les rivalités, tensions et exclusions apportées.

Outre ces difficultés les marchés périodiques sont eux-mêmes des marchés imparfaits, ils déterminent des équilibres datés qui dépendent de paramètres instables et fixent des valeurs qui ne peuvent être étendues - sauf pour la monnaie - qu'avec réserve aux objets semblables qui ne sont pas négociés. De plus en chaque date la situation est impactée en tous ses niveaux par les décisions du passé avec leurs approximations, leurs erreurs, et cela sans retour correctif possible. Il y a donc à la date courante pour les remboursements ou paiements de sommes même égales, une multitude de versements différents qui ont été fixés à des dates antérieures selon des prévisions qui ne se sont pas toutes vérifiées. La cohérence du système périodique des prix en chaque date 0 débouche, avec l'écoulement du temps sur une multiplicité d'opérations à

[47] v. Chap V, p.84.

effectuer aux conditions de valeur qui étaient prévues mais qui ne seront pas réalisées. Il y a aussi les écarts dus aux modifications subites des comportements et aux effets de l'*incertain* qui modifient ce qui avait été retenu pour des échanges critiques. En chaque période courante les agents économiques doivent alors réaliser des actions imprévues mais indispensables afin de rétablir ou sauvegarder une position souhaitée. Les *accords dérivés* se sont alors développés pour faire face à ces situations à risque, ou pour en profiter, en utilisant les nouveaux moyens de communication et l'élargissement des liaisons.

b) Endettement, financiarisation et monétisation

Un aspect essentiel du développement social, l'augmentation de la valeur future au moyen d'un accroissement ou d'un renouveau de la production, était initié auparavant à partir d'une valeur préalablement épargnée, puis mobilisée, monétisée, et prêtée aux créateurs par l'intermédiation du système bancaire. Un choix des prêteurs fondé sur la certitude de sa conservation durable sous des formes figées ou plus liquides, principalement l'or, les dépôts bancaires à terme, les titres des emprunts d'Etat et la monnaie fiduciaire. Avec le mouvement de libéralisation et de dérèglementation financières il est apparu un développement du financement des investissements créateurs par une négociation directe sur le marché des titres de dette et des nouveaux titres de propriété fractionnaire, actifs émis par l'emprunteur réel. Leur valeur d'échange est fondée principalement sur des revenus anticipés, une extension de l'aspect financier représentatif, et la reconnaissance d'une capacité des marchés à ajuster directement le prix des titres sur des valeurs à créer. Cette orientation apporte une plus grande volatilité et instabilité que les procédures d'investissement antérieures avec l'intermédiation réglementée. De plus pour s'ajouter aux transactions existantes ces titres nécessitent une monétisation associée qui peut être d'abord de la monnaie scripturale créée pour l'occasion dont une partie ou la totalité ne tardera pas à être transformée ensuite en monnaie fiduciaire.

Il y a un taux d'accroissement de la masse de monnaie fiduciaire compatible avec un niveau d'inflation souhaitable comme cela a été rappelé au chapitre I. Une Banque Centrale crée et prête sa monnaie contre des créances éligibles, échanges avec des emprunteurs sélectionnés et pour une durée déterminée. Cette monnaie devait partir à travers le système bancaire pour ajouter de la liquidité au crédit de financement des valeurs réelles, ce qui ne fonctionne plus. Dans tous les cas le remboursement obligera à fournir un supplément de liquidité qui correspond aux intérêts à verser, ce qui conduit généralement même avec les possibilités d'emprunt au marché interbancaire, lorsqu'il fonctionne, à un mouvement quasi continu d'émission de monnaie fiduciaire.

Celle-ci étant la seule que la Banque Centrale reconnaisse, à l'occasion de prêts le montant créé inscrit à son Passif subit en général, par comparaison avec les conditions du marché des prêts monétaires, un taux de dévalorisation première inférieur à celui de la monnaie contrainte. La Banque Centrale le fixe elle-même en fonction de l'écart qu'elle espère établir, écart qui détermine les possibilités de prêts que l'emprunteur bancaire peut effectuer ensuite.

§23 - Risques courants, autres accords dérivés, protection

En dynamique économique un *risque* indique l'occurrence possible d'un événement dévalorisant ou coûteux. Il exprime la possibilité d'une antivaleur, une réduction dont le temps, le défaut ou l'excès de réglementation, les partenaires économiques et l'incertain sont de grands pourvoyeurs. Il reste le choix d'en accepter certains ou bien de se prémunir par une *couverture du risque*, une compensation à la valeur qui pourrait être perdue, cela à partir d'un versement préalable ou par l'ajout à l'opération à risque d'une autre opération de compensation, liée et moins onéreuse.

a) Incertitude et équité

En chaque date 0 le système des marchés périodiques fixe les valorisations à partir d'une synthèse des divers souhaits et anticipations exprimés par les intervenants. Ses décisions impliquent l'existence de risques selon le sens des écarts qui seront observés ensuite avec les prévisions. C'est perpétuellement le cas pour les prêts dont les taux sont déterminés en chaque période pour différentes durées avec cependant la certitude que dès la période suivante le nouveau taux sera plus ou moins avantageux et la valeur de 1£ autre que ce qui est prévu. Les effets résultant de l'occurrence de risques bien cadrés peuvent faire l'objet d'estimations préalables et inviter des opérations de protection spécifiques. Jusqu'ici les accords qui ont été présentés portaient sur un nombre limité d'aspects de la réalité économique future et incluaient pour certains non pas une protection mais une correction d'équité concernant des risques probabilisables supportés par un contractant[48]. Il y a une multitude d'autres facteurs relevant des erreurs d'anticipation et de l'incertain qui entraînent un risque d'écart sur les valeurs attendues, ce qui peut faire l'objet de traitements autonomes de protection par les *accords dérivés*.

b) Des accords singuliers à terme, les paris

Deux personnes veulent passer un accord singulier concernant un objet négocié sur un marché périodique, avec paiement de l'une à l'autre mais sans échange réciproque[49], un accord spéculatif pur. Pour cela, elles se lient par un accord dérivé, un *accord singulier à terme* qui conduira à un versement unique selon le sens et l'écart constatés entre un prix convenu et le prix du prochain marché. Celle qui prévoit un niveau élevé devient acheteur virtuel (position longue) et l'autre qui anticipe un prix inférieur le vendeur (position courte), elles choisissent en commun un prix intermédiaire entre leurs anticipations et fixent un terme qui coïncide avec le prochain marché périodique. L'échéance arrivée, l'une règle à l'autre la différence qui découle de la double opération fictive qui les verrait échanger d'abord selon le prix de l'accord dérivé puis faire aussitôt l'opération inverse au prix du marché. Si le prix observé est supérieur à celui de l'accord singulier, le gagnant est l'acheteur virtuel qui reçoit la différence entre le prix du marché et le prix convenu, on a l'inverse dans l'autre cas. Le

[48] v. Chap. IV, p.72.

[49] Accord qui n'est pas un contrat d'échange.

contrat est donc un *pari*, ce qui n'est plus un contrat d'échange mais un accord de versement aléatoire entre deux joueurs qui ont pris des positions différentes sur l'état futur d'un évènement à plusieurs possibilités.

Si les deux personnes ne sont pas de purs spéculateurs mais des professionnels, échangeurs habituels de l'objet, qui désirent par ce contrat spéculatif valoriser leur perspicacité ou leur expérience du marché, ils procèdent en plus lors de l'échéance et indépendamment, l'un à l'achat et l'autre à la vente sur le marché périodique. La combinaison conduira au résultat final : pour la position longue avoir acheté net et pour l'autre avoir encaissé net exactement le prix convenu entre eux. L'accord singulier à terme est une fragmentation du contrat forward du chapitre précédent. On voit apparaître ici le fait que tous ces accords dérivés qui veulent corriger le caractère rassembleur jugé trop contraignant du système des marchés périodiques contiennent implicitement une composante spéculative.

D'autre part puisque les parties ont déterminé préalablement leur prix d'échange commun, quel que soit ensuite le prix périodique l'accord singulier est une *couverture* du risque de prix et de valeur par laquelle l'une apparaîtra plus perspicace ou plus chanceuse que l'autre. Ces accords rendent parfois des marchés un peu plus liquides et actifs dans certains secteurs car ils attirent l'attention des spéculateurs sur les objets et marchés sous-jacents, les tendances de prix, ce qui peut amener un supplément de transactions. A l'inverse ils peuvent réduire la création de valeur en orientant les flux de monnaie vers des opérations de pure spéculation au détriment de l'investissement et du développement des utilités réelles.

Les versements qui résultent des accords dérivés, sont hors du réglage économique général par les valeurs, ils conduisent à une redistribution vers le contractant pertinent dans le choix du prix commun mais ils n'entraînent directement, ni ne participent à la création de valeur que ce soit pour les objets concernés ou pour la monnaie, en d'autres termes il n'ajoutent pas de la vigueur ou de l'énergie à l'économie réelle. Cependant des accords dérivés peuvent avoir une utilité sociale reconnue dans le cas de producteurs qui sont contraints de vendre leur production rapidement à des dates peu favorables pour des raisons techniques ou de régulation (la conservation de la production entraînant alors une dégradation par dessiccation, corrosion, accident, dénaturation...).

§24 - Une organisation commune pour des accords dérivés

Les accords dérivés déclinent en de multiples variantes une structure de pari entre deux parties contractantes, le principe commun est l'obligation conditionnée d'un paiement futur de l'une à l'autre, unique ou fractionné. Il n'est plus question d'accroissement et d'équilibre de valeurs à une date précise mais parfois de dépôts préalables pour garantie et toujours de l'attente d'une des modalités envisagées d'un événement qui déterminera quelle partie doit payer et quel est le montant.

a) Analogie et différence, le pari et l'assurance

Pour le système des marchés périodiques il y a un prix unique par type d'objet et tous les échanges se font à égalité de valeur. Un cas particulier qui paraît déroger à ce principe a été rencontré au chapitre IV avec les entreprises d'assurance qui vendent un service continu avec activation aléatoire d'une prestation particulière, une indemnisation, contre le paiement d'une prime, une forme d'accord proche mais fondamentalement distincte des paris. Un contrat d'assurance définit un service de protection personnalisé contre un sinistre éventuel affectant directement l'assuré (ou des personnes liées à lui) ou bien un objet qui lui appartient (destruction, dégradation..) ce qui entraîne alors une compensation financière. Un pari binaire règle la constitution d'un revenu à prendre sur un parieur et à verser à l'autre si un évènement aléatoire parmi plusieurs possibles se produit, évènement qui n'est pas nécessairement un sinistre, qui peut être simplement financier, mais sur lequel aucune des deux parties ne peut intervenir directement.

La structure commune des accords dérivés et des paris comprend ainsi l'existence préalable d'un mécanisme substantiel dans le contrat qui règle l'obligation de paiement. Ce dispositif équitable détermine automatiquement à partir du rapprochement des anticipations exprimées et de l'évènement constaté le niveau et le sens du versement entre les parieurs.

b) Les organismes de compensation ou marchés à terme organisés

Un accord singulier à terme exige une relation et une confiance durables entre les deux contractants, cette obligation sera moins nécessaire s'il est enregistré auprès d'un organisme qualifié, une *Chambre de compensation* associée au marché périodique sous-jacent. Sa fonction joint celle de l'organisation des accords singuliers à celle d'un office d'enregistrement et de paiement. Elle propose d'abord aux personnes intéressées d'acheter une des deux positions, longue ou courte, dans un accord à terme standard dont le prix est choisi en commun par les parties. Les deux positions sur le contrat singulier deviennent ensuite échangeables avec des tiers en des prix ajustés quotidiennement jusqu'à l'échéance. Dans la gestion de ces opérations les Chambres de compensation organisent en fait, pour chaque type d'accord et pour un même prix un couplage total strict entre les positions longues et courtes, de sorte que si la condition formelle des accords binaires est bien réalisée globalement, les contractants s'ignorent entre eux. A l'échéance, date du prochain marché périodique, ces organismes s'occupent des opérations de liquidation des contrats et des paiements correspondants.

Une autre intermédiation, moins ouverte et plus risquée, surtout pratiquée par les banques, consiste pour une sélection de titres financiers négociables à devenir elles-mêmes contrepartie dans les accords singuliers, c'est-à-dire à être l'autre parieur. Dans chaque contrat la banque est ainsi engagée sur la position longue ou courte, que le client n'a pas choisie. A l'échéance, il peut rester après compensation de ses propres positions opposées sur les mêmes titres (sans avoir eu le choix ni de la position, ni du prix) un excédent de situations défavorables qui entraîne obligatoirement un paiement de sa part et parfois la livraison des titres correspondants. Pour neutraliser des résultats trop coûteux, la banque qui a établi auparavant les probabilités de ces différentes situations demande dans tous les cas à l'autre partie, une mise d'accès calculée pour correspondre globalement à l'espérance de ses pertes d'une façon analogue à la composante risque de crédit dans un taux d'intérêt. Elle le fait par la vente de *warrants* ou d'*options*, titres intermédiaires, certains négociables, qui donnent le droit d'acheter une des deux positions sur les titres financiers. Cette procédure qui peut se décliner en diverses formes permet à l'émetteur de prendre en compte les situations où il n'y a pas égalité entre les demandes de positions longues et de positions courtes, situation qui n'existait pas dans la figure précédente.

Afin d'ouvrir ces opérations de pari binaire à une spéculation élargie, d'autres organismes de compensation, analogues aux précédents, certains réglementés d'autres non, ont créé des titres synthétiques, les *futures*, paniers d'actifs financiers dont le prix varie avec celui des composants, pour des accords singuliers à terme qui reproduisent les modèles précédents. Plutôt encore que d'en rester à des dérivés d'actifs financiers qui ont des valeurs réelles aux marchés périodiques et plus de signification concrète, l'évolution financière a conduit à une multiplication des accords dérivés au moyen de futures purement notionnels comme les indices ou encore les dérivés de crédit qui seront évoqués infra.

c) Les swaps de taux

Un *swap* de taux simple est un accord annuel renouvelable automatiquement sur n périodes par lequel les contractants échangeront pendant la phase correspondante deux montants d'intérêts annuels, des flux monétaires calculés à partir de taux différents appliqués à un même capital effectif ou notionnel, le plus fréquemment un taux fixe contre un taux variable aléatoire. Seule la différence entre les intérêts correspondants est généralement versée. L'accord peut être présenté comme un pari annuel renouvelé avec le même mécanisme substantiel qui entraîne une obligation de versement d'une partie à l'autre selon la différence constatée entre les deux taux. Les contractants expriment par leur choix d'une jambe du swap, des préférences résultant de jugements opposés sur les écarts anticipés.

d) Les Credit Default Swaps

Un autre type d'accord dérivé plus inquiétant par les retours sur la valeur des titres qu'il peut entraîner a été créé avec les dérivés de crédit, les contrats Credit Default Swaps désignés par CDS. Dans ces accords binaires, moyennant le versement d'une *prime* exprimée par un taux annuel, le possesseur d'un titre de dette à intérêts périodiques avec remboursement du capital à l'échéance, peut recevoir d'un vendeur de protection une compensation correspondante dans le cas où l'émetteur-emprunteur serait partiellement ou totalement défaillant. Un CDS peut être à l'origine considéré comme une assurance personnelle pour le prêteur, il devient un pari si le titre est échangé ou s'il est formel. Le droit à remboursement est activé par un *événement de crédit*, l'occurrence défavorable parmi les deux possibles : versement régulier des intérêts ou bien interruption. Puisque la protection porte sur le transfert du seul risque de crédit, l'élément correspondant dans le taux d'intérêt d'origine est la prime de risque, la composante d'équité reçue par le prêteur initial et acheteur de la protection. Elle doit donc être reportée intégralement dans le taux de la prime du CDS dont elle est la composante principale, il s'y ajoute les constituants du taux de l'*incertain* spécifique du débiteur.

Les CDS existent parce qu'il y a des jugements divergents sur la capacité de paiement du débiteur et parce que les deux positions dans ces contrats deviennent à leur tour négociables. Ils peuvent être créés de façon autonome comme un pari par ceux qui ne sont pas concernés, une spéculation pure pour celui qui n'est pas impliqué dans le prêt sous-jacent. L'opération est faite en particulier pour les titres de dette d'Etats dont les taux d'emprunts peuvent ensuite être affectés par les appréciations dominantes qui apparaissent sur les marchés secondaires des CDS. Comme accords dérivés ils sont des révélateurs de niveaux de risque individuels dans la périphérie financière du système périodique des échanges de valeurs. De multiples variantes existent parmi lesquelles l'émission par un établissement analogue aux Chambres de compensation de CDS pour couverture de portefeuille visant particulièrement les organismes qui détiennent des dettes soumises aux variations de valeur selon le taux courant de marché.

Les ‘dérivés de crédit’ ont été mis en cause comme porteurs de risques systémiques parce que fondés les uns sur les autres - pour la protection secondaire - avec l’absence d’une réglementation cohérente. La disparition de la banque Lehman Bros en 2008 était due à des engagements imprudents sur les titres subprimes, ce qui relève d’erreurs initiales d’appréciation sans doute et d’insuffisance dans la régulation. Cette faillite a révélé qu’il existait un total de 72 Md$ de CDS référencés directement ou indirectement sur Lehman ; un système croisé de paris sur sa solvabilité qui à la liquidation a laissé paraître 5 Md$ environ de versements à effectuer réellement. Mais au-delà, tous ceux qui avaient une créance référencée, directe ou conditionnelle, sont devenus suspects, de même que ceux qui en avaient sur ces derniers. C’est tout le système des CDS qui ébranlé a entraîné des dévalorisations financières et atteint la monnaie elle-même, puis provoqué au delà une frilosité générale et la réduction des prises de risque.

§25 - Des caractéristiques récentes

Les chiffres, pour le monde, rapprochant l’évolution du montant des accords dérivés et celui des agrégats réels sont devenus déconcertants. Les paris l’emportent de beaucoup sur les productions, le jeu financier sur l’activité productive, au point que leur volume est devenu chaque année plus de dix fois supérieur au PIB mondial. La financiarisation dominante justifie en grande partie l’envolée de ce qui n’est d’abord qu’un ensemble d’engagements réciproques conditionnés qui dans aucun cas ne sont associés à un accroissement correspondant de la valeur économique ; ce qui a été conclu dans les premiers ne se retrouve en aucune façon dans une création réelle. Avec le développement de l’approche financière la primauté de la forme, d’une sécurité, se sont imposées face à la production réelle, ce qui entraîne une orientation active vers le contrôle des risques et la spéculation dans un mouvement devenu étranger à la valeur réelle produite. La protection des unités apportant la valorisation - production et commerce - qui se faisait principalement par l’accroissement des fonds propres de l'entreprise ou encore par le développement en interne des services de sécurisation correspondants a été remplacée par une protection externe au moyen des accords dérivés qui dans le contexte d'une fiscalité complaisante et d'une création monétaire souvent captée, c'est-à-dire circulant en circuit fermé, peuvent même devenir positifs pour les opérateurs[50].

De même la combinaison d'une libéralisation des échanges et d'une réglementation simplifiée pour une cession plus aisée des dettes accroît partout la possibilité d'un risque transmissible. Dans les cessions successives d'une dette courante, la défaillance de l'émetteur est à présent tout entière supportée par le dernier porteur alors qu'elle était partagée avec ses prédécesseurs, elle est devenue le risque dominant. Si ces dispositions entraînent un comportement plus vigilant des créanciers successifs elles provoquent un relâchement de la solidarité immanente qui existait antérieurement. L'appréciation commune de l'entreprise, identifiée à sa valeur financière, se fait à partir d'une information réglementée et d'une presse spécialisée qui diffuse les rumeurs et avis qui forment l'opinion[51]. Avec les accords dérivés une clé essentielle pour l'action économique devient la possession de l'information privilégiée ou encore l'entente discrète créant une asymétrie qui permet d'anticiper ou de garantir mieux que les autres ce qui va arriver.

Une libéralisation mal mesurée peut mettre à égalité ceux qui précisément ne le sont pas, d'abord par leur puissance financière et par le niveau et la qualité de l'information accessible qui peuvent fausser les jugements. L'Histoire n'est pas sans exemples douloureux de ces réglementations égalitaristes bien intentionnées mais aux résultats amers comme le furent deux lois de 1791, le Décret d'Allarde et la Loi Le Chapelier qui avaient voulu imposer de nouvelles libertés

---

[50] L'émission massive de monnaie fiduciaire pour achat de titres au marché secondaire ne débouche pas immédiatement sur l'inflation si ceux qui en ont bénéficié la prêtent aussitôt à la banque centrale qui l'a créée ou se la prêtent entre eux pour des opérations dérivées et dans le cas du dollar, principale monnaie internationale, elle est aspirée pour régler les échanges correspondants.

[51] Robert Merton écrivait que ce que le grand nombre d'individus croit entraîne son effectivité.

contre le dispositif antérieur, des textes qui ont conduit à de nouvelles servitudes.

La coordination et la lisibilité des décisions pour viser un accroissement global du niveau de valeur est difficile et il ne suffit pas d'harmoniser un peu plus les informations. Les tentatives pour une normalisation comptable de la communication financière paraissent bien difficiles à réussir. Les accords en Europe se sont ralliés aux normes IAS/IFRS dont le concept central, la fameuse 'fair value' peut conduire à une aggravation par la coupure radicale qu'elle introduit entre états d'information datés là où il faudrait lissage et continuité. Les orientations successives des Accords de Bâle concernant le système bancaire vont sans doute par leur exigence croissante de capitaux propres et de liquidité dans le sens d'une réduction des accords dérivés et de la réintégration des risques dans le bilan, mais c'est la question des valeurs réelles à des dates différentes qui subsiste.

La croissance réelle ne se décrète pas et il n'est plus dangereux qu'une croissance financière bouillonnante et détachée du réel économique. Il faut à la première les ingrédients indispensables, motivations et efforts nécessaires, les affirmations enchantées ne suffisent pas. La valeur changeante des objets et l'incertitude dans les anticipations les plus ajustées constitueront une limite installée perpétuellement face au désir d'accroissement des valeurs mais l'histoire nous dit encore que les hommes n'ont jamais renoncé à les produire ou à les répartir au nom de visées déclarées et parfois plus discrètes.

Un des économistes historiques qui reste parmi les plus présents dans les débats contemporains et qui a été des plus engagés dans l'action et dans l'effort de compréhension et de maîtrise de la valeur est Keynes. Il reste à resituer au moyen des instruments présentés comme on l'a fait au chapitre III pour l'efficacité marginale du capital d'autres relations de la *Théorie Générale* où il affirmait conduire son travail en conformité avec les définitions fondamentales et leur sens tels qu'il avait reçus de ses prédécesseurs.

QUATRIEME PARTIE :

VALEUR, CROISSANCE ET DEVELOPPEMENT

CHAPITRE VII :

APPROCHES KEYNÉSIENNES

En reprenant les deux interprétations associées du taux d'intérêt monétaire par les quantités ou par les dévalorisations et à partir des valeurs fixées par les marchés périodiques, il apparaît une autre possibilité de lecture des thèses de Keynes. Ne disposant pas d'une mesure permanente des valeurs, celui-ci établissait des comparaisons au niveau des taux ou des quantités globales, ce qui limitait le sens des rapprochements et déformait parfois une lecture historique à laquelle il substituait sa propre intention. On présentera également une portée différente à ce qu'il trouvait chez Jean-Baptiste Say, promoteur d'un développement de l'énergie économique et de la richesse sociale par ses esquisses introductives à la création et à la considération d'un partage raisonné.

TAUX D'INTÉRÊT SPÉCIFIQUE ET CROISSANCE

Au début de la *Théorie Générale*, dans le commentaire d'un livre contemporain, Keynes justifie son propre recours à la *valeur économique*. Il y souligne que l'auteur a "introduit implicitement les variations de valeur" pour ajouter aussitôt : "nous estimons que le concept visé est pour l'analyse économique le concept correct et convenable mais tant qu'on n'a pas adopté un système satisfaisant d'unités c'est une tâche impossible de le définir avec précision"[52]. Il exprime cependant l'intention d'étudier les relations entre des valeurs globales à partir des grandeurs courantes : prix, intérêts et revenus, dans un projet théorique dont la visée réelle, le développement de la valeur, a pour levier l'emploi.

Plus loin il présente le blé, le cuivre, la maison et autres richesses, comme des alternatives à la monnaie pour comparer les valeurs. Ils peuvent tous être traités de la même façon et par

---

[52] Keynes J.M., *ibid.*, p.57.

conséquent quel que soit l'objet A l'expression $v_0(1A^n)$ prend ici une signification[53] en plus des $v_0(1A)$ et $v_n(1A^n)$ précédentes. Ils permettront des mesures relatives inhabituelles pour des échanges toujours réglés par le même principe d'égalité des valeurs, toutefois sans apporter de signification supplémentaire. A chacune de ces alternatives il associe de façon analogue à ce qui est fait avec le taux d'intérêt monétaire un autre taux qu'il nomme *taux d'intérêt spécifique*, souvent évoqué dans la littérature économique par les initiales *tis*.

§26 - Le taux d'intérêt spécifique des richesses ou tis

Un taux d'intérêt renvoie à une égalité de valeur en date 0, il a été défini d'abord pour la monnaie prêtée[54] puis au chapitre V il a été élargi continûment à toute richesse A par un *taux d'intérêt par terme*[55], le *tit*. Dans ces différentes variantes un taux d'intérêt i doit pouvoir être exprimé en date 0 sur une période ou sur une phase unitaire à partir de la relation fondamentale (1) du chapitre III par une expression de la forme :

$$\boxed{v_0(1A) = (1+i)\,.v_0(1A^1)}$$

où i est interprétable en taux de dévalorisation de 1A pour livraison retardée en date 1 mais également en taux quantitatif qui compense la dévalorisation d'attente.

a) Définition et calcul du tis

Keynes donne sa définition d'un *taux d'intérêt spécifique* pour toute richesse, le *tis*, par : "il doit exister un facteur analogue au taux d'intérêt de la monnaie.. une quantité déterminée de blé par exemple livrable un an plus tard qui a aujourd'hui la même valeur d'échange que 100 quarters (q) de blé livrables immédiatement" (TG - pge 238), affirmation qui traduit strictement la relation encadrée. Mais ne disposant pas du taux du '*blé disponible contre blé à livrer dans une année*', pour calculer le tis il introduit trois relations monétaires : une

---

[53] Comme $v_0(1£^n)$, v. Chap III, p.50.

[54] v. Chap III, p.57.

[55] v. Chap V, p.79.

pour le blé disponible, une autre pour le blé vendu à terme ferme et une troisième pour le taux d'intérêt de la monnaie : "soit 100£ les 100 quarters le prix du blé comptant, 107£ les 100 quarters le prix du contrat à terme, et 5% le taux d'intérêt de la monnaie : quel est le taux d'intérêt du blé ?" (TG - pge 239). La transcription en équivaleurs fournit pour la date 0 le système suivant :

(a) $v_0(1q) = v_0(1£)$, prix pour livraison immédiate,
(b) $v_1(1q^1) = 1{,}07.v_1(1£^1)$ le prix à terme ferme,
(c) $v_0(1£) = 1{,}05.v_1(1£^1)$, <u>*interprétation par Keynes du taux d'intérêt monétaire*</u>,

ce qui donne l'équivaleur suivante avec tis :

$v_0(1q) = (1 + tis).v_1(1q^1) = 0{,}98.v_1(1q^1)$ soit un tis égal à -2%.

Mais cette dernière expression n'est pas de la forme encadrée qui seule assure la cohérence pour donner le taux d'intérêt. Afin de retrouver $v_0(1q^1)$ à partir du prix à terme on doit appliquer uniquement la correction d'inflation anticipée, une des deux composantes basiques du taux d'intérêt de la monnaie, ce qui donne le taux d'intérêt à terme ou *tit* défini au chapitre V.

La différence entre tis et tit est due à l'ajout de la *dévalorisation première* dans l'opérateur d'actualisation appliqué aux valeurs anticipées, alors qu'elle n'est pas concernée puisqu'elle est une composante exclusive dans les prêts pour rétribuer la perte de liquidité de la monnaie contrainte, perte supportée par le prêteur. Il y a avec la définition du tis une minoration de $v_0(1q^1)$ et donc un excès du taux quantitatif de compensation, un taux d'intérêt aggravé, ce qui peut inciter à une réduction des prises de risque comme on le verra au paragraphe suivant.

b) Pourquoi le taux d'intérêt de la monnaie est-il préféré aux autres taux ?

Trouver d'abord les taux d'intérêt spécifique et à terme pour une marchandise telle que le blé ou l'orge, puis le taux d'intérêt pour n'importe quel autre objet à partir du blé ou de l'orge - pour voir "ce qui se passerait dans une économie non monétaire" (TG – p. 238), est toujours possible mais ces opérations supposent toujours une cohérence globale, une propriété apportée non par le blé ou l'orge mais par la monnaie et son attribut exclusif, la liquidité. Constat qui rejoint une critique de Kaldor : toute richesse peut être unité de compte mais une seule, la monnaie, possède la propriété majeure qui facilite les échanges et les ajustements entre marchés. Elle se trouve par cela imprégnée d'informations, d'attributs et de désirs à la fois plus larges et plus liés qui apportent une unité de signification au système des échanges.

§27 - La croissance économique réelle

Le rapprochement évoqué en fin du Chapitre III entre d'une part l'efficacité marginale du capital ou emc - auquel correspond ici le taux actuariel en valeur des revenus attendus d'un investissement - et d'autre part les *taux d'intérêt spécifiques* des différentes richesses produites contiendrait selon Keynes le secret du niveau de l'activité économique, l'énergie et le dynamisme. Il le propose à partir d'un syllogisme qui peut être ramené à la présentation suivante :

(α) : la production d'une richesse augmente quand l'efficacité marginale du capital qui la produit est supérieure au taux d'intérêt spécifique de cette richesse,
(β) : or l'efficacité marginale du capital diminue quand la production de la richesse augmente,
(γ) : donc cette dernière ralentit et s'arrête lorsque l'efficacité marginale du capital est devenue inférieure au taux d'intérêt spécifique de la richesse.

La proposition (α) a été rencontrée en fin du chapitre III, l'emc est le taux de dévalorisation annualisé des revenus attendus d'un investissement pour qu'en date 0 leur valeur cumulée soit égale à celle de cet investissement. Tant que ce taux est supérieur à celui qu'apporterait l'emploi de référence du même capital c'est-à-dire un prêt aux conditions du marché périodique - un taux qui rend égales les valeurs du capital prêté et des remboursements - cela signifie qu'il y aura une valeur créée supérieure à celle du capital. Il y a lieu alors de dynamiser en développant la production avec cet investissement qui crée plus de valeur qu'un prêt. La proposition suivante (β) est une généralisation du principe du calcul marginal selon lequel lorsque l'offre augmente le taux du rendement diminue. Il résulte de (α) et (β) la proposition (γ) sous la réserve que le tis soit traité pour comparaison à valeur réelle.

Dans une économie dynamique il y aurait cependant remarque Keynes une possibilité de poursuivre des croissances sectorielles si dans chaque cas la baisse du taux d'intérêt spécifique qui peut venir d'un taux d'inflation réduit accompagnait celle de l'efficacité marginale du capital, et il y aurait même le retour d'une croissance générale si c'était le cas pour tous les produits. Malheureusement ce n'est pas envisageable car il y a un taux d'intérêt qui diminue plus lentement que tous les autres et reste parmi les plus élevés. Ce taux est celui de la monnaie qui à la composante d'inflation ajoute une dévalorisation première stable, monnaie qui connaissait à l'époque de Keynes une production plutôt inélastique fondée sur des encaisses-or, mais introduire trop d'élasticité peut être aussi défavorable[56].

Efficacité marginale du capital et taux d'intérêt spécifique ou bien taux d'intérêt à terme, les deux approches quantitatives différentes, renvoient à une signification proche en valeur qui peut être alors affinée. Elles sont toutes les deux interprétables en taux quantitatifs et en taux de dévalorisation permettant d'obtenir en date 0 des relations pour des objets qui ne peuvent être échangés ni immédiatement, ni simultanément. Il est possible de joindre *emc*, *tis* et *tit* dans une interprétation en valeur et revenir ensuite aux acceptions purement quantitatives.

---

[56] La monnaie disponible en Allemagne, après la guerre 1914-1918, le *papiermark*, représentait une valeur courante supérieure à celle de la production. Avec l'inflation par multiplication monétaire - pour la seule année 1921 les prix de l'année précédente ont été multipliés en moyenne par 1500 - il n'y a pas eu de reprise réelle de l'activité. Une nouvelle monnaie le *rentenmark* fut créée, d'abord parallèlement, en ayant une valeur fondée sur l'or et sur le dynamisme de l'économie allemande, elle entraîna un progrès dans la stabilisation des prix et remplaça progressivement le *papiermark*.

VARIATIONS DE LA VALEUR GLOBALE

Au niveau d'un pays un accroissement de la valeur économique peut survenir par tout ce qui est échangeable et susceptible de répondre à des désirs : par les découvertes naturelles de minerai, de gaz ou de pétrole, par des variations ou des changements dans l'appréciation commune valorisant davantage certains objets, ou encore par de nouveaux produits, par des possibilités d'échange élargies, par d'autres modes de production, de communication, de consommation... Plus immédiatement, l'augmentation de la valeur économique globale est obtenue par le travail et par l'échange, le second majorant une valeur-coût de production par l'effet-Graslin, principe qui a des limitations évidentes et qui voile les différences dissimulées dans les variations de coût individualisées de sorte que dans toutes les figures possibles la constitution même de la valeur ou même une redistribution correctrice ne seront jamais satisfaisantes. Un exemple caractéristique de cette difficulté permanente apparaît dans le jugement introductif sur Jean-Baptiste Say présenté dans la *Théorie Générale*.

§28 - Keynes et Jean-Baptiste Say

Pour Keynes, aussi catégoriquement que pour Adam Smith, le but fondamental de l'activité économique est la consommation : "ne craignons pas de répéter cette vérité évidente, [elle] est la seule fin et l'unique objet de toute l'activité économique" (TG - p.121). A partir de ce principe "l'attente d'une consommation est la seule raison d'être de l'emploi" (TG - p.227) qui devient le levier à développer car il participe à la production des richesses et justifie les salaires-revenus. Ces derniers alimentent une *demande effective* globale qui devrait correspondre à la valeur de la production réalisée mais qui lui est spontanément inférieure à cause d'un comportement courant, l'épargne. Une visée dynamique exige de réorienter cette épargne inévitable vers la consommation et vers l'achat d'instruments de production supplémentaires.

L'ensemble social a donc besoin d'un pilotage économique pour provoquer le développement de l'emploi et par lui de la richesse sociale. Il faut un programme d'action dynamisante sur un ensemble producteur soumis à une multitude de lois plus ou moins certaines sauf une qui l'est absolument : "l'emploi ne peut progresser qu'au rythme d'accroissement de l'investissement" (TG - p.115). Les équipements sont des valeurs à produire qui en détruiront certaines autres pour en créer de nouvelles. Le supplément ne pourra être financé immédiatement que par les valeurs existantes de l'épargne disponible (amortissements, épargne réelle, fonds à cotisation..) ou forcée (fiscalités..) ou par des emprunts ou encore par la création sous forme monétaire d'une valeur provisoire, un crédit que devra valider et remplacer pour ne pas ajouter à l'instabilité et aux risques du système une valeur plus consistante reconnue ensuite sur le marché des produits.

a) Des erreurs antérieures

Incompréhension et manque de lucidité ont pu entraîner récemment des erreurs graves : "il est possible.. que sous l'effet des illusions de la phase ascendante la production de certains types de capital [équipements] se développe au point de constituer en partie un gaspillage de ressources.. une mauvaise orientation de l'investissement" (TG - p.334). Investir massivement, sans discernement, ne convient pas, il faut le faire avec une juste anticipation de ce qui sera désiré car la consommation est changeante. Il faut trouver l'orientation la plus favorable au développement de la valeur sinon on débouche sur les déséquilibres comme ceux de 1929 lorsque, "aux Etats-Unis.. l'expansion rapide du capital [pour financement futur] au cours des cinq années antérieures avait conduit à constituer en regard d'un outillage qui n'avait aucun besoin de renouvellement des amortissements et des provisions.. d'une importance si considérable qu'un volume énorme d'investissement nouveau était nécessaire uniquement pour absorber ces provisions financières.. On perdit presque tout espoir de trouver des investissements nouveaux assez nombreux pour suffire au volume d'épargne nouvelle.. La «prudence financière» pour une reconstitution des équipements constitua un sérieux obstacle à une reprise rapide" (TG - p.117). Comportements néfastes, expliqués selon Keynes par la doctrine dominante, celle de Jean-Baptiste Say, pour lequel la demande effective se cadrerait spontanément sur l'offre. Il faudrait sortir de ce dispositif théorique erroné où il n'y a jamais d'erreur ni de défaillance, dispositif qui voulait montrer comment assister les lois spontanées de l'économie pour un accroissement général de la richesse sociale[57] et cela seulement.

b) Jean -Baptiste Say

Dans la Préface de l'édition française Keynes écrit : "J-B Say suppose implicitement que le système économique travaille constamment à pleine capacité.. Presque toute la théorie économique postérieure découle de la même hypothèse". Les deux économistes sont des impulseurs de dynamisme économique mais le plus ancien qui a vécu la Révolution Française et la Révolution industrielle avait une visée prioritaire, l'accroissement de la production des richesses, moins pour satisfaire une demande que pour elle-même, une production créatrice de revenus qui retrouvent spontanément le chemin de la consommation et de l'investissement judicieux. Le fameux aphorisme mécaniste qui lui est attribué, "l'offre crée sa propre demande", implique que l'offre nouvelle provoque le désir correspondant pour un débouché d'une valeur égale et le processus peut être reconduit à nouveau même avec un changement des produits et des moyens de production. Il y a simplement besoin d'une monnaie-liquidité permettant d'appliquer et répéter l'échange transmetteur de valeurs réelles.

---

[57] Ce que soulignait déjà Ricardo : "Tout commerce tend à augmenter la production et par cet accroissement le bien-être général est augmenté", (*Des Principes de l'économie et de l'impôt*, Ed. Flammarion,1975, p.240). Il en prête l'idée à J-B Say : "Produire, c'est créer de la valeur en donnant de l'utilité aux choses qui n'en ont pas.. par conséquent en faisant naître des demandes"(p.248). Dans la préface de 1942 à l'édition française, Keynes précisera : "Il nous semble que jusqu'à une date récente les doctrines associées au nom de J-B. Say ont dominé partout la science économique beaucoup plus qu'on ne l'a cru. La plupart des économistes n'ont pas rejeté ses hypothèses fondamentales et particulièrement le sophisme d'après lequel la demande serait créée par l'offre".

§29 - Multiplicateur et survaleurs

Keynes a instauré une modélisation plus élaborée au moyen de nouvelles catégories macroéconomiques. Le but de l'activité étant pour lui de satisfaire la consommation et l'emploi le moyen principal, l'épargne qui ne chercherait pas un revenu dans un emploi destiné au financement d'une production future, épargne-valeur improductive de valeur nouvelle, est la pire des solutions. Un premier remède consisterait en une redistribution de cette épargne vers ceux qui accroîtront la demande effective, mais une solution trop simpliste qui pourrait à son tour limiter les investissements les plus innovants, prometteurs d'activités nouvelles, favorables à un progrès réel. Un moyen plus souhaitable consiste à majorer l'investissement normal I de ΔI, s'il le faut par une augmentation forcée à partir d'un pur crédit en générant ensuite la valeur supplémentaire correspondant au remboursement.

ΔI est l'énergie et le dynamisme, un potentiel de création d'objets qui seront échangés ensuite en mobilisant d'autres valeurs. Les revenus correspondants seront partagés entre achats et épargne d'après une règle peu variable, une propension moyenne. Mais si l'investissement forcé est mal orienté comme Keynes l'a observé dans son analyse de la crise de 1929, les ventes de la production supplémentaire risquent d'en réduire l'effet espéré particulièrement en dégradant l'efficacité marginale du capital (emc), un des éléments qui règlent le niveau de l'activité[58]. Dans l'opération considérée en valeur, pour celui qui a pris le risque ΔI la réalité de l'effet potentiel dépendra des conditions économiques générales. Il s'y ajoute aussi un effet secondaire par toutes les transactions périodiques que la monnaie empruntée ou créée a permises et un troisième

---

[58] "L'investissement nouveau avait été si considérable au cours des cinq années précédant 1929 que le rendement futur des investissements supplémentaires fléchissait avec rapidité.. [provoquant] une efficacité marginale du capital d'une faiblesse sans précédent. L'essor n'aurait pu se poursuivre sur une base saine que si l'on avait réduit le taux de l'intérêt à un chiffre infime.. [qui] eut interdit tout investissement nouveau si raisonnable qu'il fut. La hausse du taux d'intérêt comme antidote.. supprime la maladie en tuant le malade" (Keynes, *ibid,* p.336).

par le fait que ce supplément injecté intervient dans le degré de confiance.

La formulation avec le multiplicateur k dans $\Delta R = k.\Delta I$ n'apparaît pas trop éloignée des formules lapidaires attribuées à J-B Say. Les effets qui ne sont pas toujours de même sens ont pu dans des conditions réelles observées entraîner ensuite une inversion du résultat attendu comme le soulignèrent les critiques de Milton Friedman. Il reste que même dans cette expression simplifiée le multiplicateur apparaît simultanément comme un amplificateur potentiel de valeur à travers ΔR et comme un développeur d'emploi à travers ΔI. Pour pouvoir consommer plus de valeur dans l'avenir il faudrait investir davantage aujourd'hui mais de façon pertinente, en produisant beaucoup d'équipements de production choisis parfois au détriment d'une consommation immédiate donc en partie sacrifiée et irrattrapable.

Keynes doutait dans la ligne de ses remarques sur des causes de la crise de 1929 - à la différence de ce que l'on peut observer dans la crise actuelle - qu'il y eut suffisamment de ces opportunités d'investissement, créatrices d'utilités nouvelles et de la valeur réelle correspondante. Un avis dû notamment au surinvestissement antérieur, à l'absence d'ouvertures technologiques et déjà à une spéculation financière excessive qui déformait le schéma optimal du développement des valeurs réelles.

Aux Etats-Unis, des excès dans la construction d'immeubles d'habitation et de commerce, investissements forcés dus à des études de valorisation insuffisantes et à un défaut de prudence dans l'octroi des crédits, les subprimes, créances non transmissibles fusionnées ensuite au moyen de véhicules juridiques ad hoc pour créer des titres financiers négociables, largement opaques, dopés par des notations de complaisance, ont conduit à un enchaînement de dévalorisations qui a déstabilisé ce pays pour des années et ensuite le système des équilibres de valeurs dans le monde entier. D'autres titres financiers, émis ailleurs, aux valorisations indépendantes mais qui jusque là n'étaient pas suspects ont été atteints par les doutes. Les marchés soupçonnant ensuite beaucoup de détenteurs d'une insolvabilité prochaine et des règles aggravantes imposées à contretemps pour la gestion et pour la communication financière des entreprises ont conforté une situation de forte instabilité et une méfiance qui a conduit à un développement des accords dérivés. D'autre part les blocages de valeurs dans des circuits de liquidité fermés ont amplifié une crise économique réelle que ne résoudra pas une redistribution au moyen d'une fiscalité mal ciblée, ni une inflation, ni une récession, mais au contraire un dispositif de croissance partant d'un renouveau de la production réelle et de l'échange.

CONCLUSION

La valeur est d'abord une énergie variable créée par le désir des individus, attribuée différemment aux objets négociables et développée par l'échange. Elle peut provoquer une dynamique de l'économie, expansive et créatrice, par la variabilité des appréciations individuelles, par les changements dans la production et par le mouvement des transactions sous une régulation générale effectuée par un système de marchés liés. La finance devenue si importante aujourd'hui n'est pas malsaine par elle-même mais peut le devenir par une facilité incontrôlée de former, modifier et déplacer des valeurs sans création objective. L'approche par la valeur permet aussi de proposer des réponses ou des solutions rationnelles à des problèmes d'une forme semblable comme la comparaison à travers le temps d'objets qui ne peuvent plus être échangés ou encore comme la détermination de versements successifs préalables et d'encaissements périodiques ultérieurs, effectués selon des niveaux, dates et intervalles différents. On trouve ces situations dans les cas où les décisions d'autorités administratives, judiciaires, sociales... doivent fixer des versements : aides, dédommagements, compensations, indemnisations, cotisations, pensions, lorsqu'une équité à établir ou restaurer peut être réglée par une égalité de valeurs et nécessite des rapprochements qui font intervenir des montants, des dates et des durées distincts.

L'observation des valeurs dans leur mouvement perpétuellement reconstruit montre que si elles apportent les solutions évoquées, leur variation courante entraîne souvent des tensions et parfois la demande d'une réorganisation sociale car leurs changements modifient les situations d'existence des individus et les positions des groupes. Une interrogation en résulte, elle porte sur les formes que peut prendre un accroissement global de valeur qui est justifié par l'exigence d'une amélioration dans les conditions matérielles de la vie des hommes. Problème lié intimement à celui d'une répartition secondaire et problème qui a connu bien des variantes depuis les appropriations forcées, les attributions privilégiées et autres seigneurisations plus discrètes jusqu'à des règles qui opposent parfois une équité sociale à l'équité économique en reconnaissant un droit qui ne peut pas être absolu aux créateurs de valeurs nouvelles.

Faciliter les échanges commerciaux entre pays peut apporter un potentiel et une dynamique supplémentaires par des courants nouveaux de création, de circulation et d'échange des valeurs. Cela peut entraîner un déplacement des sites de création et aussi une correction des flux d'échange existants avec des perspectives de tensions politiques et parfois d'une guerre des monnaies que réduirait le maintien d'un taux de change dans des écarts définis, régulièrement reconsidérés, autour des prix des paniers de base respectifs. Ces changements ajoutent un quatrième niveau de modélisation qui n'est pas été présenté ici, il associe de nouvelles opérations, des transactions élargies et les changes entre monnaies selon des survaleurs différentes, à celles qui ont été limitées à un espace avec monnaie unique.

Un dynamisme insuffisant

En 2010 alors qu'un supplément de crise parti d'un nouveau foyer atteignait beaucoup de pays, l'Union Européenne vérifiait les annonces antérieures, répétées et inquiétantes, du Fonds Monétaire International qui la situait comme la zone où le taux de croissance devait être le plus faible du monde avec un retard de l'ordre de 3% sur le taux moyen de l'économie mondiale. Pour l'Union Européenne, ne pas pouvoir ou n'avoir pas su trouver ni les décideurs, ni les moyens, n'avoir pu engager les mutations majeures vers des activités qui répondaient aux besoins nouveaux ont fait que sa capacité énergétique a été réduite, la vigueur est partie ailleurs, une langueur s'est installée. Elle a accompagné un accroissement des dettes et des rancœurs au lieu d'une activation et d'un renouveau de développement, un état qui laisse plutôt l'inflation et la fiscalité comme solutions immédiates pour un rétablissement prioritaire des équilibres réels. Mais les tensions sur les valeurs, un dynamisme réduit et les déséquilibres accentués qu'ils créent ne limitent pas ce repli à la zone européenne, beaucoup de situations dans le monde sont affectées et le seront encore par l'onde née d'une vigueur des nouvelles économies et d'une indolence des autres.

Crise de la dette

La presse économique internationale stigmatise depuis longtemps un arc méditerranéen des déficits budgétaires répétés et des dettes souveraines croissantes qui affectent la valeur de la monnaie unique. Un quotidien britannique évoquait en 2009 un "virus méditerranéen d'insolvabilité et de mauvaises dettes" menaçant le reste de l'Europe à partir "d'années de dépenses et d'emprunts imprudents [qui] ont conduit [certains Etats] à un niveau de dette insoutenable". Les échanges entre les pays de la zone euro entraînent nécessairement des flux commerciaux inégaux par les différences de développement et par les divergences des politiques économiques nationales. Puisqu'il n'y a plus une correction des déséquilibres par la variation du taux de change comme cela existait avant la monnaie unique, une tendance à l'amplification et à l'accumulation des dettes chez les uns et des créances correspondantes chez les autres s'est établie.

Pour corriger ces mouvements les déficits conjoncturels et structurels des Etats participants ont été limités par le *Pacte de Stabilité*, mais la 'crise financière' ressentie plus fortement en Europe à partir de l'année 2008 a conduit à en contourner les contraintes de sorte qu'aux déficits commerciaux répétés se sont joints des endettements financiers en accroissement. L'affaiblissement de la monnaie commune qui en est résulté renvoie la solidité du système lui-même aux pays les plus créateurs de valeur, à ceux dont les balances commerciales sont les plus favorables, tandis que l'endettement des pays structurellement déficitaires rencontre de son côté des taux d'emprunt élevés qui ne manquent pas d'affecter ensuite l'appréciation de la communauté économique et financière internationale sur la viabilité de la monnaie commune.

La crise de la dette dans la zone euro est d'abord l'expression d'une défiance résultant des déficits évoqués et du développement d'accords dérivés très sensibles à la rumeur, accords qui parient sur la capacité de certains Etats à régler les passifs aux dates prévues c'est-à-dire à disposer alors de la valeur correspondante. Le mécanisme ne peut être ignoré aujourd'hui par les prêteurs et par des organismes d'évaluation internationaux devenus plus prudents qu'ils ne l'ont été. L'analyse précédente a montré qu'il y a toujours une solution envisageable à la dernière figure de la crise par la croissance de la valeur, c'est-à-dire par le désir, le travail, la production et l'échange plutôt que par une limitation des transactions et une réduction de l'activité à un noyau minimal redevenu équilibré par les privations qu'il impose. L'expérience de ces trente dernières années où des pays importants dans le commerce mondial ont fait faillite, où la crise des subprimes a montré que les contrôles, la régulation et les réglementations par de grands Etats et par des organismes qualifiés ont été insuffisants, a contribué à révéler d'autres situations douteuses qui n'apparaissaient pas jusque là. Après le Traité, le Pacte et des engagements sur la convergence économique, l'ambition exprimée dans la zone euro est d'aller vers plus d'intégration de l'ensemble des économies nationales. Des projets d'envergure portant sur la consolidation monétaire par "une union économique, une union bancaire, une union budgétaire et une union politique" ouvrent de nouvelles perspectives.

Du naturel et des cultures, une éthique historique

Dans l'Avant-Propos le développement de l'énergie économique par l'accroissement d'utilités créées a été posé a priori comme le signe d'un mieux collectif[59] résultant d'une vigueur ou d'un dynamisme effectifs, mais ce principe sommaire doit être à l'évidence modulé. La création d'une valeur nouvelle peut induire, d'abord et provisoirement, un résultat global négatif par les dévalorisations qu'elle provoque sur d'autres objets comme le fait par exemple l'introduction de procédés nouveaux moins coûteux, mais aussi plus largement par des effets nocifs provoqués sur l'environnement naturel, ce qui n'est pas intégré dans la vigueur économique immédiate. La valeur activée modifie, elle est sociale, impliquée d'abord dans les échanges mais également au delà en affectant les conditions

---

[59] v. Avant-Propos, p.10.

d'existence communes des personnes même celles qui ne sont pas concernées directement. Par là elle devient un enjeu d'acceptation ou de refus collectifs, une question politique qui peut conduire à de nouvelles orientations imposées à un dynamisme économique spontané.

Un problème important qui affecte les valeurs de la monnaie et du travail dans quelques pays d'une zone euro est celui des *fewer hours*, «le choix social délibéré de travailler moins». Certains depuis le Fonds Monétaire International l'expliquaient à partir de nouvelles options culturelles collectives qui conduisent à des réglementations nationales différentes concernant les durées légales du travail. Exprimé autrement : par l'introduction de seuils différents dans ce que les théoriciens britanniques traitent depuis longtemps sous l'appellation de *desutility* du travail. Des variantes qui provoquent les décrochages des coûts et des productions entre les Etats associés. Elles impliquent plus profondément une remise en question du rôle du travail comme formateur historique des individus et intégrateur social, ce que Hegel avait reconnu et développé. Ils demandaient en conséquence en fin de l'année 2010 une harmonisation européenne par un marché unique du travail, implicitement pour réaliser cette unification culturelle potentiellement réductrice d'activité et de valeur créée, mais compensée par un "euro [qui] ne peut pas atteindre son véritable potentiel avec des marchés du travail segmentés"[60]. Une réglementation sociale commune doit être située d'abord en

---

[60] "Montesquieu, le plus grand économiste français" pour Keynes, avait été sévère pour des variations analogues. Il les considérait plutôt comme des manifestations seigneuriales, expressives d'une tension naturelle plutôt que d'un progrès culturel : "il n'y a jamais eu… de sultane si orgueilleuse... que le plus vilain mâtin… dans une ville du Mexique, assis sur sa porte, les bras croisés. Un homme de cette conséquence, une créature si parfaite, ne travaillerait pas pour tous les trésors du monde... Lorsqu'un homme a un certain mérite en Espagne... il ne travaille plus... rester assis dix heures par jour [apporte] plus de considération" - *Lettres persanes,* Lettre 78, Gallimard « Folio », 2003 - Corriger ce naturel des individus par la culture et une organisation sociale différente mais aussi par l'échange lui apparaissait plus souhaitable puisque "partout où il y a du commerce les mœurs sont douces [car] *l'effet naturel* du commerce est de conduire à la paix." - *De l'Esprit des Lois,* GF Flammarion, 1979.

cohérence avec l'orientation rappelée par une action qui complète l'introduction de l'équité économique par une équité sociale conforme à l'esprit apparu aux Lumières, le sens nouveau rappelé dans l'Introduction. Ce n'est pas la réduction des rapports individuels avec le travail qu'il faut viser d'abord mais une mise en accord avec le projet fondateur. Développer alors une éthique qui apporte un plus d'esprit européen et du sens historique, de cet humanisme plus substantiel qui ne se réduit pas aux refus de l'effort et de la création.

BIBLIOGRAPHIE

Patrice Noailles, *L'innovation valeur, économie, gestion*, 2008, Editions Eska.

Jean-Marc Daniel, *Ricardo reviens ! Ils sont restés keynésiens*, 2012, Editions Bourin.

Jean-Michel Treille, *Les clés de l'avenir ; l'ambition industrielle*, 2012, Ed L'Harmattan.

Michel Godet avec Alain Lebaube et Philippe Ratte, *La France des bonnes nouvelles,* 2012, Editions Odile Jacob.

Dominique Meda, *Le travail, une valeur en voie de disparition ?*, Editions Aubier.

Jacques Perrin, *Pourquoi les sciences économiques nous conduisent dans le mur ?*, 2011, Ed L'Harmattan.

Marcel Bolle de Bal, *Le travail : une valeur à réhabiliter*, 2005, Editions Labor et Fides.

André Orléan, *L'empire de la valeur : refonder l'économie*, 2011, Editions du Seuil.

Félix Bogliolo, *La création de valeur*, 2011, Editions d'organisation.

Dimitri Uzunidis et Sophie Boutillier, *L'aventure des entrepreneurs,* 2011, Editions Studyrama.

Nicolas Postel, *Les règles de la pensée économique contemporaine*, 2003, Editions du CNRS.

Joseph Schumpeter, *Histoire de l'analyse économique*, 1983, Editions Gallimard.

Serge Latouche, *Le pari de la décroissance*, 2006, Librairie Arthème Fayard.

Gérard Debreu, *Théorie de la valeur – Analyse axiomatique de l'équilibre économique*, Editions Dunod.

Adret (collectif), *Travailler deux heures par jour*, Editions du Seuil.

Michel Serres, *Le mal propre : polluer pour s'approprier*, 2008, Editions Le Pommier.

Marché et Organisations
L'Harmattan

Cahiers d'économie et de gestion thématiques dont le but est de promouvoir la recherche originale sur les relations de plus en plus étroites qui se tissent entre le marché et les organisations. Les acteurs économiques de taille, de puissance et de pouvoir différents dont les intérêts peuvent être convergents, complémentaires ou, le plus souvent, antagoniques, ont tendance à organiser les marchés. La raison du marché, pourtant, est la référence stratégique pour l'entreprise ainsi que pour les institutions publiques de décision économique.

Direction : Sophie Boutillier, Marc-Hubert Depret, Blandine Laperche, Céline Merlin-Brogniart, Jean-Louis Monino, Dimitri Uzunidis (directeur de publication)

Numéros parus :

N°1 : Artisanat. La modernité réinventée, 2006

N°2 : La petite entreprise, elle a tout d'une grande. De l'accompagnement aux choix stratégiques, 2006

N°3 : Tourisme et Innovation. La force créative des loisirs, 2007

N°4 : Le travail. Formes récentes et nouvelles questions, 2007

N°5 : Les universités et l'innovation. L'enseignement et la recherche dans l'économie des connaissances, 2007

N°6 : Entrepreneuriat et accompagnement. Outils, actions et paradigmes nouveaux, 2008

N°7 : Développement durable des territoires. Economie sociale, environnement et innovations, 2008

N°8 : Développement durable et responsabilité sociale des acteurs, 2009

N°9 : Gouvernance : exercices de pouvoir, 2009

N°10 : Le travail collaboratif. Une innovation générique, 2009

N°11 : Economie sociale et solidaire. Nouvelles trajectoires d'innovations, 2010

N°12 : Relations à la marque et marques de la relation. Regards croisés sur le management relationnel de la marque, 2010

N°13 : Les contrats au service de la recherche ?, 2011

N°14 : Le potentiel économique de l'Afrique subsaharienne, 2011
N°15 : Management de la distribution, 2012
N°16 : Territoire Vert. Entreprises, Institutions, Innovations, 2012
N°17 : Eco-conception, conception et innovation. Les nouveaux défis de l'entreprise, 2013
N°18 : Intelligence économique : entreprises et territoires, 2013

http://riifr.univ-littoral.fr/?page_id=40
contact : Dimitri Uzunidis, uzunidis@univ-littoral.fr

Collection « L'esprit économique »

fondée par Sophie Boutillier et Dimitri Uzunidis en 1996
dirigée par Sophie Boutillier, Blandine Laperche, Dimitri Uzunidis

Dernières parutions

► ***Série Economie et Innovation***

F. AMOSSE, *TIC et organisation du travail : révolution managériale ?*, 2011.
S. BOUTILLIER, *L'artisanat et la dynamique de réseaux*, 2011.
P. DESHAYES, H. DE MEDINA (dir.), *Développement durable et intelligence des matériaux. Regards croises franco-brésiliens sur les pratiques du bâtiment et de la construction*, 2011.
F. LARRE, J.-M. PLASSARD, *L'enseignant : réalités économiques et enjeux professionnels*, 2012.
P. MADINIER, *Une économie de services sans servilité*, 2013.
N. ABBES, *L'entreprise responsable. De la responsabilité sociétale à la communication environnementale*, 2013.
Z. LIU, *Politiques d'innovation et pme en France. Une histoire de liens faibles*, 2013.

► ***Série Le Monde en Question***

P. SARTON DU JONCHAY, *Capital, crédit et monnaie dans la mondialisation. Économie de vérité*, 2011.
J. BAUMGARTEN, *L'économie mondiale à bout de souffle*, 2011.
C. BERBERI, *Le Royaume-Uni face à l'euro. De la prudence à l'hostilité*, 2012.
K. EDGEWEBLIME, *Le FMI en Afrique*, 2012.
M. SANTI, *Splendeurs et misères du libéralisme*, 2012.
P. BAGUS, *La tragédie de l'euro*, 2012.
C. BERTHOMIEU, J.-P. GUICHARD, E. PONOMARENKO (dir.), *La Russie, l'Europe et la méditerranée dans la crise*, 2013.

► ***Série Krisis***

A. DULOT, P. SPIESER, *L'économie entre savoir et illusion. Critique de la raison économique*, 2011.
D. DE CALLATAY, *Le pouvoir de la gratuité. L'échange, le don, la grâce*, 2011.
J. BLANCHET, *Sciences de la nature et sciences humaines*, 2012.
J. BLANCHET, *Utilitarisme et positivisme. Une analyse critique*, 2012.
J. BLANCHET, *Utilitarisme et positivisme. Une analyse critique*, 2012.

► **Série *Clichés***

S. BOUTILLIER, D. UZUNIDIS (dir.), *La Russie européenne. Du passé composé au futur antérieur*, 2008.
R. VOLPI, *La négociation. Pain, paix, liberté*, 2009.

► ***Série Cours Principaux***

G. FONOUNI-FARDE, *Introduction à l'analyse économique. L'économie pour tous !*, 2011.
J. BOURDARIAT, *Le commerce international. Théories et pratiques actuelles*, 2011.
J. BLANCHET, *L'économie : concepts, méthodes, outils*, 2012.
L. DANIEL, M. RUIMY, *Taux d'intérêt et marches financiers*, 2013.
G. FONOUNI-FARDE, *Comprendre l'économie internationale. L'économie pour tous !*, 2103.

► ***Série L'économie formelle***

R. GAUCHER, *Psychologie de l'argent et économie. Abolirons-nous la pauvreté dans les pays riches ?*, 2011.
J. HUERTA DE SOTO, *Monnaie, crédit bancaire et cycles économiques*, 2011.
V. LEDERMAN, *Inefficience des marchés et inefficacité des règles. Risque financier majeur*, 2011.
F. MACHROUH, *Crises bancaires : comprendre pour mieux prédire*, 2012.
J. ATLAN, *L'argent des pauvres, les milliards des banques. Alternatives financières et politiques*, 2012.
F. DUHAMEL, A. DUNOYER de SEGONZAC, *La cocotte-minute financière. Petit précis de décomposition socio-économique*, 2012.
P. BRACONNIER, G. CAIRE (dir.), *L'économie sociale et solidaire et le travail*, 2013.

Économie et Entreprise
aux éditions L'Harmattan

Dernières parutions

FRANÇAIS (LE) ÉCONOMIQUE À L'ÈRE DE LA MONDIALISATION
Schulders Guy
Cet ouvrage présente une explication de concepts économiques de base, dont la connaissance et la maîtrise sont indispensables aux entrepreneurs de tous les pays et aux hommes d'affaires modernes, qui développent de plus en plus de synergies et de relations commerciales avec leurs homologues du monde francophone. Il s'agit de permettre à l'espace économique francophone de tenir la place qui lui revient.
(30.00 euros, 328 p.)
ISBN : 978-2-343-00132-6, ISBN EBOOK : 978-2-296-53104-8

UNE ÉCONOMIE DE SERVICES SANS SERVILITÉ
Madinier Philippe - Préface de Jean Gadrey
Le travail indépendant se développe à nouveau en France. Cette évolution est due à la prépondérance des activités et surtout des services consistant à prendre soin des hommes et des choses. Dans ces activités, la concentration économique ne s'impose pas. Cette prépondérance est appelée à se renforcer. Néanmoins, le développement souhaitable des services de soin et celui du travail indépendant qui lui est lié ne sont pas sans poser des problèmes à la politique économique et sociale, notamment des problèmes de fiscalité.
(Coll. L'esprit économique, série Economie et Innovation, 16.50 euros, 158 p.)
ISBN : 978-2-336-29283-0, ISBN EBOOK : 978-2-296-53055-3

FORMATION (LA) PROFESSIONNELLE POUR ADULTES
De l'éducation pour tous à la gestion individuelle de carrières
Saccomanno Benjamin
Ce livre revient sur la longue histoire sociale et juridique de la formation professionnelle en France. Depuis la mise en place d'initiatives corporatistes, ouvrières ou associatives, jusqu'à l'organisation par les pouvoirs publics d'une offre censée répondre aux évolutions des besoins d'une société en pleine mutation industrielle, ce sont les finalités de l'apprentissage et le rapport au savoir et à l'éducation qui s'en trouvent ici questionnés.
(Coll. Pour Comprendre, 21.00 euros, 218 p.)
ISBN : 978-2-343-00376-4, ISBN EBOOK : 978-2-296-53138-3

DIALOGUE (LE). PRIORITÉ DANS LE MÉTIER
Fassier Christian
Pour avoir des hommes sains dans un corps de métier sain, il faut donner une place essentielle au dialogue ; sans cela, la menace de l'aliénation mentale

apparaît. S'inspirant de Lev Vygotski et de Mikhaïl Bakhtine, l'auteur démontre que le dialogue est un instrument de transformation des conflits et un outil de médiation indispensable à l'intercompréhension. Mais pour lui, les mots sans les actes ne valent rien...
(19.00 euros, 194 p.)
ISBN : 978-2-343-00101-2, ISBN EBOOK : 978-2-296-52978-6

AVENTURE (L') HUMAINE DANS L'ENTREPRISE
En huit questions
Reyre Gérard
Vivre l'entreprise aujourd'hui n'est pas une mince affaire. Huit questions occupent cet ouvrage sur l'aventure humaine dans l'entreprise. Il s'agit de proposer des formes de médiation, des manières d'envisager les choses et les actes. Pas d'intrication forcée mais des liens, des façons de penser le quotidien, d'envisager les discordances, de trouver autant que faire se peut des modulations à l'activité humaine dans l'entreprise.
(Coll. Entreprises et Management, 23.00 euros, 232 p.)
ISBN : 978-2-296-99770-7, ISBN EBOOK : 978-2-296-51558-1

ENTREPRENDRE DANS UN MONDE EN MUTATION
Arnol-Stephan Jacques
Depuis 2008, notre modèle de croissance, notre mode de vie sont remis en question. Aurions-nous perdu la foi dans notre capacité à rebondir ? C'est contre ce sentiment d'impuissance que s'inscrit cet essai. Pour rebondir, il faut retrouver le sens de l'aventure collective. Et quelle plus belle aventure collective que l'entreprise ? Revenir à la création saine de richesses pour répondre aux besoins de bientôt neuf milliards d'humains ?
(Coll. Questions contemporaines, 19.00 euros, 194 p.)
ISBN : 978-2-336-29156-7, ISBN EBOOK : 978-2-296-51614-4

MANAGEMENT DES ÉVOLUTIONS ORGANISATIONNELLES ET STRATÉGIQUES
Sous la direction de Pascal Corbel et Philippe Hermel
Cet ouvrage appréhende les principales évolutions du management des entreprises aujourd'hui, les transformations récentes et leurs implications managériales. Il aborde la responsabilité sociale des entreprises, l'ouverture des processus d'innovation et le développement des stratégies d'influence. Il étudie également les cadres dans lesquels s'inscrivent les changements des organisations.
(Coll. Entreprises et Management, 37.00 euros, 364 p.)
ISBN : 978-2-296-99337-2, ISBN EBOOK : 978-2-296-51654-0

RÉGULATION ET MANAGEMENT DES ORGANISATIONS
Rôle de l'entreprise dans les zones périurbaines et territoires émergents
Delaye Richard
Cet ouvrage met le «territoire» au centre du management des organisations et de l'étude de ses modes de fonctionnement, des outils de gestion et de pilotage de sa performance. Il montre qu'il est possible d'analyser les dynamiques structurant le développement des territoires «oubliés», tels que les banlieues, les pays émergents

et les pays en voie de développement au-delà des problématiques classiques comme l'insécurité, les jeunes en perte de repères, la ghettoïsation, le développement des réseaux formels et informels, le financement des projets visant une paix sociale incertaine.
(Coll. Gouvernance et société, 29.00 euros, 300 p.)
ISBN : 978-2-296-99506-2, ISBN EBOOK : 978-2-296-51553-6

TRAVAIL, MOBILISATION ET RÉSISTANCE – Normes et règles en jeu
Faulkner Marcel
Le travail, activité où la coopération s'impose du fait d'objectifs à atteindre, est une collaboration d'acteurs se réalisant à travers un ensemble de contradictions et de conflits de plus en plus nombreux. Les normes et règles déterminant le travail et son organisation sont contestées par d'autres qui affirment l'autonomie des métiers, l'initiative des salariés et l'amour du travail bien fait. Les enjeux sont ceux du rendement et du contrôle du travail, et, d'autre part, de la dignité des salariés.
(Coll. Logiques sociales, 35.00 euros, 344 p.)
ISBN : 978-2-343-00090-9, ISBN EBOOK : 978-2-296-51651-9

COCOTTE-MINUTE (LA) FINANCIÈRE
Petit précis de décomposition socio-économique
Duhamel Florence, Dunoyer de Segonzac Alain
Après la Seconde Guerre mondiale, les accords de Bretton Woods ont posé un cadre économique mondial ayant généré plus de quatre décennies de croissance et de stabilité. Au début des années 1990, la mécanique a commencé à se gripper pour aboutir en juillet 2008 à la faillite de la banque Lehman-Brothers bientôt suivie du chaos financier et économique mondial. Comment est-on passé de l'ordre consensuel porté par Bretton Woods au désordre insensé qui prévaut aujourd'hui ?
(Coll. L'esprit économique, série L'économie formelle, 14.00 euros, 134 p.)
ISBN : 978-2-336-00591-1, ISBN EBOOK : 978-2-296-51324-2

GOUVERNANCE ET FILIALE DE GROUPE
Recommandations pour une meilleure gouvernance en entreprises moyennes, PME & PMI
Sous la direction de Daniel Corfmat, Marc Chambault, Georges Nurdin
Les entreprises marquent un intérêt incontestable pour une organisation structurée en groupe et filiales. Cet ouvrage apporte quelques réflexions sur la relation particulière existant entre ces deux entités au plan de la gouvernance. Il regroupe une série de recommandations qui tendent à fluidifier la relation entre la filiale et le groupe, tout en respectant chacune des entités dans leurs responsabilités, devoirs et obligations.
(Coll. Gouvernance et entreprise, 10.50 euros, 74 p.)
ISBN : 978-2-336-00246-0, ISBN EBOOK : 978-2-296-51283-2

SCANDALE (LE) COMMERCE ÉQUITABLE
Le marketing de la pauvreté au service des riches
Sylla Ndongo Samba
Alors qu'il est censé rétablir un regain de justice dans les relations commerciales Nord-Sud, l'auteur montre que le commerce équitable contribue à reproduire

les mécanismes du système international. En somme, si le commerce équitable parle au nom des pauvres, il bénéficie en réalité aux pays riches. Le marketing de la pauvreté au service des riches, serait-ce là l'aboutissement de cette énième entreprise de rédemption du système capitaliste ?
(Coll. Harmattan Sénégal, 25.00 euros, 226 p.)
ISBN : 978-2-296-99542-0, ISBN EBOOK : 978-2-296-51434-8

TRAGÉDIE (LA) DE L'EURO
Bagus Philipp – Traduit de l'anglais par Olivier Imbach
A l'origine de la création de l'euro, les intentions étaient de nature politique. Grâce à la monnaie unique, la France allait se débarrasser du Deutsche Mark et s'affranchir de la tyrannie de la Banque centrale allemande (La Bundesbank). Mais le système mis en place se révèle autodestructeur, parce que plusieurs gouvernements peuvent utiliser une seule banque centrale pour financer leur déficit, sans véritable contrôle. Quelles sont aujourd'hui les voies possibles pour les membres de la zone euro ?
(Coll. L'esprit économique, série Le Monde en Questions, 21.00 euros, 200 p.)
ISBN : 978-2-336-00598-0, ISBN EBOOK : 978-2-296-51400-3

INTERFACE (L') VIE DE TRAVAIL - VIE PRIVÉE
Questions en chantier
Sous la direction de Caroline Closon et Marcel Lourel
Préface de Guy Karnas
Les disciplines qui traitent de l'homme au travail voient le plus souvent l'homme ou la femme comme un travailleur ou une travailleuse, un producteur ou une productrice, un opérateur ou une opératrice, négligeant ainsi l'interaction de ce type de statuts avec les autres activités de cet homme ou de cette femme en dehors de la vie professionnelle. Le plus souvent, l'entreprise tend à négliger les aspects de vie hors travail.
(Coll. Psychologie du travail, 19.00 euros, 186 p.)
ISBN : 978-2-336-00652-9, ISBN EBOOK : 978-2-296-51402-7

MERCERON SCOP-SA
Gerll Gabrielle, Lardot Romain
Licenciés suite à la cessation d'activité de leur entreprise, 27 ouvriers décident de racheter leur outil de travail pour reprendre à leur compte l'activité de carrosserie industrielle. L'entreprise devient une Société Coopérative de Production (SCOP) dont ils sont les propriétaires à parts égales... Deux ans plus tard, ils déposent le bilan. Au travers de cette histoire, le film propose de s'interroger sur les difficultés d'une expérience coopérativiste dans le contexte économique actuel.
(20.00 euros)
ISBN : 978-2-336-00772-4

L'HARMATTAN, ITALIA
Via Degli Artisti 15; 10124 Torino

L'HARMATTAN HONGRIE
Könyvesbolt ; Kossuth L. u. 14-16
1053 Budapest

ESPACE L'HARMATTAN KINSHASA
Faculté des Sciences sociales,
politiques et administratives
BP243, KIN XI
Université de Kinshasa

L'HARMATTAN CONGO
67, av. E. P. Lumumba
Bât. – Congo Pharmacie (Bib. Nat.)
BP2874 Brazzaville
harmattan.congo@yahoo.fr

L'HARMATTAN GUINÉE
Almamya Rue KA 028, en face du restaurant Le Cèdre
OKB agency BP 3470 Conakry
(00224) 60 20 85 08
harmattanguinee@yahoo.fr

L'HARMATTAN CAMEROUN
BP 11486
Face à la SNI, immeuble Don Bosco
Yaoundé
(00237) 99 76 61 66
harmattancam@yahoo.fr

L'HARMATTAN CÔTE D'IVOIRE
Résidence Karl / cité des arts
Abidjan-Cocody 03 BP 1588 Abidjan 03
(00225) 05 77 87 31
etien_nda@yahoo.fr

L'HARMATTAN MAURITANIE
Espace El Kettab du livre francophone
N° 472 avenue du Palais des Congrès
BP 316 Nouakchott
(00222) 63 25 980

L'HARMATTAN SÉNÉGAL
« Villa Rose », rue de Diourbel X G, Point E
BP 45034 Dakar FANN
(00221) 33 825 98 58 / 77 242 25 08
senharmattan@gmail.com

L'HARMATTAN TOGO
1771, Bd du 13 janvier
BP 414 Lomé
Tél : 00 228 2201792
gerry@taama.net

Achevé d'imprimer par Corlet Numérique - 14110 Condé-sur-Noireau
N° d'Imprimeur : 100736 - Dépôt légal : septembre 2013 - *Imprimé en France*

www.ingramcontent.com/pod-product-compliance
Lightning Source LLC
LaVergne TN
LVHW051357061026
849535LV00009B/3233
* 9 7 8 2 3 4 3 0 1 4 4 7 0 *